AF547932

VoG

VoG Verlag ohne Geld e.K.

n.9

La reale esistenza dei personaggi non sempre coincide con le vicende qui narrate.

Seconda edizione 2021

Ada Zapperi Zucker è nata a Catania. A Roma ha iniziato gli studi di canto e pianoforte per poi concluderli alla *Musikhoschule* di Vienna. Nello stesso tempo ha collaborato per il *Dizionario Biografico degli italiani dell'Istituto Treccani, all'Enciclopedia dello Spettacolo* e *all'Enciclopedia Universo De Agostini*. Cantante lirica ha svolto la sua attività prevalentemente all'estero. Insegna canto in Germania e in Sudtirolo.
Con Gotthard Bonell ha studiato pittura.

I suoi scritti letterari hanno ottenuto vari riconoscimenti:

2020	Secondo Premio *San Domenichino* per *Due donne del Sud*
2017	Menzione d'onore *Casentino* per il romanzo *La casa del nonno*
2015	**Primo Premio *San Dominichino* per i racconti *La Cucchiara***
2014	Terzo Premio *San Domenichino*
2013	Primo Premio *Molinello*
2013	Secondo Premio *Città di Pontremoli*
2012	Primo Premio *Casentino*
2012	Premio Stiftung *Kreatives Alter, Zürich*
2011	Primo Premio *Chianti*
2010	Primo Premio *Ho diritto a...*
2010	Secondo Premio *Le storie del novecento*
2008	Terzo Premio *Città di Siderno*
2008	Primo Premio *G. Gronchi*
2008	Secondo Premio *Elsa Morante*
2007	Secondo Premio *Consiglio Regionale della Calabria*
2006	Primo Premio *Cerda*

Ada Zapperi Zucker

La *Cucchiara*

Una famiglia siciliana

Racconti siciliani

VG

Verlag ohne Geld e.K.
München

ISBN 978-3-943810-09-7

Registergericht München HRA 99261
www.verlagohnegeld.de
Impaginazione: Heinz Weih
Editing: Elisabetta Cavani, Fabio Zamponi
In copertina: Ada Zapperi, *Genazzano* 1993

Prefazione

Incontro con la scrittura al femminile

„Penso che la lettura sia un bell'esercizio anche di meditazione, anche sugli altri, perché è importante saper leggere gli altri. Guai se i miei lettori ragionassero come me, non mi leggerebbero proprio."[*]

Ho fatto conoscenza con la scrittrice Ada Zapperi Zucker nel corso della prima edizione di Thrinakìa, il concorso internazionale di scritture autobiografiche dedicate alla Sicilia che ho avuto la soddisfazione di ideare e avviare nel 2012. L'appagamento più grande, dedicandomi con passione al progetto culturale promosso dall'Organizzazione di volontariato Le Stelle in Tasca, è stato suscitato dall'incontro con le persone che hanno partecipato al concorso. Un'esperienza straordinaria ed entusiasmante, condivisa con tutte le autrici e gli autori finalisti che si sono ritrovati in Sicilia, nella città di Catania, nel mese di dicembre del 2013. Mi piace pensare che l'incontro con Ada Zapperi Zucker sia stato un incontro predestinato, non un incontro causale, e che la considerazione e la fiducia che lei ha riposto fin dal primo momento in Thrinakìa, siano state un ulteriore segnale disposto su un cammino comune in sintonia con i valori etici della persona, della comunità, e della scrittura. La sua presenza ha contribuito sentitamente a celebrare insieme un elogio all'arte della scrittura, quell'arte che le più antiche culture e civiltà hanno considerato un dono divino, elogiata da un anonimo scriba sumero nell'introduzione ad un antichissimo documento, citato

---

"**Antenate bestie da manicomio,* Alda Merini

dallo studioso Alf Sjöberg: *„colui che l'ha appresa avrà il mondo in mano (...) essa ti riempirà di ricchezza e abbondanza".* L'incontro con Ada Zapperi Zucker è stato l'incontro con la sua scrittura, con quell'autrice che trasformata dalla sua stessa scrittura, come amava sostenere il poeta Paul Valéry nelle sue *Œuvres*, ci permette di fare l'esperienza del flusso dell'esistenza che prende forma in un mondo da riconoscere e comprendere, un mondo creato ed evocato che ci viene offerto come un prezioso patrimonio.

I tre matrimoni della Cucchiara è il titolo del testo che abbiamo ricevuto e apprezzato, sollecitandoci a considerare e anticipare, premiandolo con una menzione di merito fra le opere ammesse fuori concorso, una sezione dedicata espressamente alle biografie, le storie di vita di persone vissute in Sicilia. Era l'espressione più rilevante di un progetto di scrittura, ancora non realizzato, che questo libro affida infine alla nostra lettura. *La Cucchiara*, donna Ciccia, è una figura dominante nella famiglia dell'autrice, e sovrasta i racconti che compongono un'opera di edificazione e approfondimento della storia di una famiglia siciliana, ergendosi come *„un archetipo femminile dal quale discendiamo noi tutte, donne del XX secolo, che lo si voglia o no".* Condivido totalmente le parole dell'autrice, riferite allo scambio epistolare di questi ultimi mesi sul suo lavoro di scrittura, e sono partecipe dei suoi pensieri e considerazioni. In riferimento alla molteplicità di generi e forme di espressione letteraria, questo libro è un'opera alla frontiera tra l'autobiografia, la biografia e il romanzo familiare. Il patto con i lettori, su cui si fonda ogni genere di scrittura, è costruito sulla figura della Cucchiara in uno spazio estetico nel quale sono narrate le vite di persone che divengono dei personaggi, e che rappresentano l'esperienza di una umanità collocata in un preciso momento storico, a cavallo tra la fine del diciannovesimo secolo e l'inizio del ventesimo secolo. Parafrasando Philippe Lejeune, studioso e specialista di scrittura autobiografica, la vita è ricostruita alla luce dell'opera che la rende comprensibile, e la vita delle famiglie siciliane che qui sono raccontate, è decifrata attraverso il testo narrativo, la tessitura della trama del *textus* illuminata e resa accessibile dall'immagine simbolica della Cucchiara. Quell'immagine simbolica che nell'espressione del sacro è il centro attorno al quale gravita la realtà, come precisa lo storico delle religioni Julien Ries. La realtà che qui è messa in movimento dalla scrittura, viene rappresentata da una figura femminile situata, proseguendo nell'ascolto delle parole di Ada Zapperi Zucker, *„nella parte più profonda di me, e potrei dire, nella parte più primitiva, forse istintuale, che cova in tutti noi"*, e verso la quale ci possiamo identificare in quanto *„ci portiamo tutti una Cucchiara dentro e non ne siamo coscienti"*.

Quando, l'autrice, diventa essa stessa consapevole della valenza di questa presenza? Soffrendo a causa di una grave malattia decise, venti anni fa, di intraprendere un viaggio a Catania, dopo essersene allontanata nel lontano 1952. *„Scesa dall'aereo, sono stata travolta da un'emozione che non mi ha lasciato per tutto il tempo del mio soggiorno e anche dopo. Allora ho ripreso a scrivere, dopo una lunghissima pausa. Il mio primo racconto è stato appunto sulla Cucchiara! Nel corso di tutti questi anni non riesco più a contare le volte in cui l'ho riscritto. È una storia che mi segue dalla prima infanzia fino ad oggi."* Nei precedenti romanzi e racconti dell'autrice, ambientati lontano dalla Sicilia, *Teatro di ombre* si svolge ad esempio a Lemberg, l'attuale Lviv in Ucraina, c'è sempre un frammento della storia della sua famiglia. L'oblio in cui rischiava di annullarsi la presenza della Cucchiara, va riscattato dalla scrittura in una società dove la storia dal basso è oscurata dalla storia elitaria, per dirla con le parole del sociologo Franco Ferrarotti, dove l'esperienza umana nel suo molteplice farsi non riesce a trasformarsi nella storia di tutti. La Cucchiara è in questo senso il simbolo della reminiscenza che attribuisce alla scrittura il potere di Mnemosyne, nella sua funzione mitica, riconosciuta dallo storico e antropologo Jean-Pierre Vernant. È fonte del segreto delle origini di una famiglia che totalizza nella sua esperienza anche il divenire di una società, demolendo la barriera che separa il passato dal presente per costruire un ponte, mettendoci in comunicazione con quell'energia drammatica tenuta in vita dal racconto mitizzato e tramandato fin dalla primissima infanzia, dove la storia negata fa ritorno nel mito, come rimarca l'etnologo e antropologo Marc Augé.

L'incontro con Ada Zapperi Zucker è stato l'incontro con la donna Cucchiara, la cui presenza aleggiava nella storia e nella vita della scrittrice. L'incontro dei lettori con Ada Zapperi Zucker sarà l'incontro con la scrittura al femminile, definita dalla scrittrice canadese France Théoret come il desiderio di reinventare la donna, quella donna che la narrazione cerca di ricreare con l'arte della scrittura. Ecco, allora, che l'impossibilità di una storia in prima persona sollecita una narrazione raffigurata lungo un percorso immaginato e immaginario, un percorso che esplora l'esperienza di vita e trasforma il vissuto in storia. Ricorrendo all'arte della scrittura per rappresentare il punto di vista interiore sul mondo dei personaggi, narrando la loro quotidianità che ci coinvolge in un contesto storico e sociale più ampio, si delinea l'esigenza di una ricerca di senso sollecitando una conoscenza archetipica e una coscienza universale. „*La Cucchiara era una fonte inesauribile di saggezza antica, di pensieri che riassumevano tutte le esperienze umane, dalle sue origini (...). Si rifaceva, senza esserne cosciente, ai vecchi miti greci, ma anche a quelli preellenici, miti a loro volta nati dall'esperienza di milioni di esseri umani vissuti certo in altre condizioni sociali, ma con gli stessi istinti, le stesse necessità.*" L'incontro con una scrittura al femminile è l'incontro con un corpo poetico, quello della Cucchiara, in uno spazio figurativo della comprensione di se stessi e del mondo che mette in dubbio le rappresentazioni degli uomini, sostenendo un ritmo di alternanza e unione di un tempo lineare e irreversibile e di un tempo eterno e cosmico, permettendoci di guardare con maggiore consapevolezza all'avventura della condizione umana e al dinamismo tragico dell'esistenza. „*Il tempo, lo scorrere degli anni fissato in cifre, era secondo lei una pura invenzione degli uomini, una convenzione che tenta vanamente di misurare il moto perpetuo dell'universo usando come unico metro la vita umana, forse anche il moto dei pianeti e il susseguirsi delle stagioni; è un'illusione voler costringere la grandiosità dell'infinito entro limiti stabiliti soltanto dal continuo rinnovarsi e succedersi di vita e di morte, di estate e inverno; un abuso contro le leggi della natura che si rifiutano di riconoscere il tempo come un susseguirsi di anni e di secoli, senza inizio e senza fine: per lei il tempo era un'entità statica, inamovibile. La Cucchiara, come gli animali, aveva un senso arcaico, assai personale del tempo: solo presente senza futuro; per questo non temeva la morte, così come accettava il quotidiano in tutta la sua imponderabilità.*"

Il comune denominatore con le altre figure femminili, con Agata la Cucchiaredda, ad esempio, in continuità con il corpo poetico della donna che ci situa al di fuori dell'esistenza ordinaria e della coscienza ordinaria dell'esistenza, è l'incontro con una scrittura radicata nell'esperienza quotidiana dei desideri e dei legami sociali, per trovare le parole che ci permettono di incontrare il mondo con la sua cruda verità. *„Agata, detta la Cucchiaredda, non aveva pensato di sposarsi a quelle condizioni. Ma non aveva scelta. In fondo nella sua vita non aveva mai avuto scelte, un destino riservato a molte, o forse a tutte le donne della sua generazione; le decisioni venivano dall'alto, e in alto, nel caso suo, c'erano sempre stati i fratelli; lei non doveva fare altro che eseguire i loro ordini."* L'incontro con la scrittura al femminile ci scuote e ci rende attenti nei confronti di una violenza simbolica che sorregge una certa visione del mondo e delle relazioni umane, guardando con occhi disincantati la quotidianità vissuta e sperimentata da donne e uomini che non possono più raccontarci la loro storia. Nei rapporti diseguali di potere tra i generi, all'interno della struttura familiare, o nella presenza marginale delle donne nella struttura politica e sociale, è lì che si annida la violenza. La violenza domestica nei confronti di Sara ne è un esempio significativo. *„Lui vuole ogni sera..., ogni notte la stessa aggressione, la stessa violenza..., da quasi quattro anni. Non ne posso più... e non lo fa per amore, no no, questo non è amore: mi vuole umiliare, distruggere, vuole solo farmi soffrire, farmi del male. Lui non sa neanche che cosa sia, l'amore. Se potesse, mi ucciderebbe, me lo ripete ogni notte... ma è troppo vigliacco per farlo, dice che non vuole finire in prigione per colpa mia!"* Le antiche regole di buona condotta morale a fondamento dell'educazione delle donne, rimpiante da Don Gaetano Scalìa, definivano il modello di quella famiglia riproduttiva che Françoise Héritier, etnologa e antropologa, individua come tendenza della società occidentale a separare la gestione femminile delle attività riproduttive dalle funzioni produttive. *„L'unico scopo, il solo compito di una donna è quello di servire l'uomo, mettere al mondo una mezza dozzina di figli, possibilmente maschi e starsene al posto suo, stabilito dalla tradizione e consacrato dalla Chiesa."*

Le donne di cui queste pagine narrano, ci rivelano tutta la problematicità delle relazioni di genere che anticipa la modernità affermando la propria differenza, in modo inconsapevole e istintivo, rispetto ad un mondo, quello degli uomini, del quale queste ultime ne sono estranee. Il corpo poetico della donna si sostanzializza nel desiderio di riscattare e liberare il corpo fisico della donna. *„Essere padrona del proprio corpo, non subire violenza... il paradiso in terra, altro che volontà di Dio!"* La figura della Cucchiara e quella di Agata la Cucchiaredda, rappresentano in modo emblematico questo rapporto di filiazione che riposa su nuove categorie interpretative della relazione tra donne e uomini. La tragedia culturale che raccontano è sofferta in silenzio, il rischio di procedere verso un annullamento totale è vissuto con angosciosa coscienza, ma è tormentato e sottomesso il percorso spontaneo e radicato nella consapevolezza della differenza della donna che non si caratterizza come semplice rivendicazione di uguaglianza tra i sessi. L'immagine che Agata evoca, un sogno da narrare ed esplorare, supplisce a questa coscienza fragilizzata e permette di meditare sul senso del tutto, sulla sofferenza di questa condizione di sofferenza femminile. *„In seguito, non più bambina, sognò spesso di trovarsi in cima a una scala, in bilico fra cielo e terra, fra realtà e desiderio di evasione, in fuga da una vita che non aveva certo desiderato in quella forma. E nel sogno nessun muro, nessun albero di fichi, nessuna via di scampo: davanti il vuoto, dietro il vuoto. Ferma sull'ultimo gradino, in attesa... tutta una vita di atte-*

se. Davanti il vuoto, dietro il vuoto." È il conflitto tragico, come direbbe il sociologo Georg Simmel, il conflitto perpetuo e insolubile tra vita e forma, che pone Agata in una realtà sottomessa alle condizioni strutturali di vita delle donne, dove non è ancora possibile costruire un modo di vivere diverso per la donna, e dove tuttavia è in gestazione una nuova forma di esperienza umana femminile.

L'incontro con la scrittura al femminile di Ada Zapperi Zucker sperimenta una mitobiografia delle donne, e degli uomini, confinati nei loro ruoli socialmente precostituiti, raccontando e dilatando, oltre i confini delle vicende realmente vissute, l'itinerario esistenziale e simbolico di anime provate dalla condizione del mondo. Molteplici sono le affinità che ritrovo con quanto scrissi in *Biographie et mythobiographie de soi*, riconoscendomi in questa conversione di passioni e sentimenti, di vissuti ed esperienze, nel movimento della scrittura che ci parla della relazione del corpo in sofferenza con il corpo sociale, alla ricerca di una conoscenza sulla vita. L'arte della scrittura ha esaudito il desiderio di evocare una parte della memoria familiare dell'autrice, una memoria vissuta e appresa attraverso testimonianze e racconti tramandati, creando un sapere esperienziale ed esistenziale sulle diverse storie umane raccontate. La filiazione simbolica con la Cucchiara, il legame dell'autrice con donna Ciccia, sollecitando una ricerca in relazione all'eredità affettiva, morale e spirituale, risponde al bisogno vitale della persona per risituarsi rispetto alla genealogia familiare. E dunque, la memoria familiare, raccontata attraverso quell'arte della scrittura che ha una funzione creativa ma non di finzione, come ribadirebbe lo scrittore Lee Gutkind, riesce a mettere in luce storie concrete e temi legati all'esistenza umana.

Non si tratta, in definitiva, di un semplice romanzo familiare fondato su un fantasma, su una elaborazione cosciente e fantasiosa, a carattere privato, della storia e delle origini familiari. Se ci interroghiamo, come il sociologo clinico Vincent De Gaulejac, sulle relazioni che tessono le donne e gli uomini fra di loro e con la società, il romanzo familiare acquista una sua particolare valenza, sostenendo una riflessività orientata verso un'osservazione ed una comprensione critica del destino personale e collettivo che restituisce senso alla vita. Quella nota amara nei confronti delle relazioni delle donne fra di loro e con gli uomini, la morte della Cucchiara e il suo mancato tentativo di riconciliare i membri della sua famiglia, ci mostra il lungo percorso che abbiamo ancora davanti, soprattutto quando pensiamo al fenomeno del femminicidio. Restituire senso alla vita, al destino che condividiamo, è a conti fatti una sfida che problematizza l'assunzione di una responsabilità collettiva a partire da quei gesti quotidiani che ci permettono di partecipare a processi di cambiamento negli spazi e nei luoghi della vita sociale e politica, per trasformare il mondo in cui viviamo modificando le rappresentazioni del nostro vivere quotidiano, per comprendere e vivere le nostre soggettività in nuove forme di relazione di genere valorizzando e condividendo le diversità e le differenze tra donne e uomini. L'incontro con la scrittura al femminile ci parla di emozioni umane che costituiscono una forma di conoscenza e attraverso l'immaginazione narrativa, di cui l'autrice si avvale per dare vita a queste emozioni e riconoscerle, si sostiene questa stessa sensibilità e responsabilità verso l'altro e, come osserva Marta Craven Nussbaum nel suo saggio *Coltivare l'umanità*, possiamo sostenere il bene comune attraverso l'arte della scrittura, sollecitando la facoltà degli individui di concepirsi come esseri umani connessi ad altri esseri umani.

Orazio Maria Valastro*

***Orazio Maria Valastro** (presidente@analisiqualitativa.com) è nato a Catania nel 1962. Ha conseguito un dottorato di ricerca in sociologia nel 2011, presso l'Istituto di ricerche sociologiche e antropologiche e Centro di ricerca sull'immaginario dell'Università Paul Valéry di Montpellier. Si è laureato in sociologia all'Università della Sorbona nel 1995. Dirige dal 2005 gli Ateliers dell' immaginario autobiografico dell'organizzazione di volontariato Le Stelle in Tasca (www.lestelleintasca.org). Ha ideato Thrinakìa, il concorso internazionale di scritture autobiografiche dedicate alla Sicilia. Ha fondato e dirige dal 2002 la rivista elettronica internazionale di scienze umane e sociali M@gm@, e la collana dei quaderni di M@gm@ pubblicata da Aracne Editrice (www.analisiqualitativa.com). Pubblicazioni recenti: Mythanalyses postmodernes de la santé mentale, (Aracne Editrice, 2014); Thrinakìa: antologia della prima edizione del concorso internazionale di scritture autobiografiche dedicate alla Sicilia (Edizioni Kimerik, 2014); Écritures sociologiques d'ailleurs (Les Éditions du Net, 2013); Cartografia minimale dell'immaginario autobiografico (Edizioni Mythos, n. 3, 2013); Le magma constitutif de l'imaginaire social contemporain (con Georges Bertin, Aracne Editrice, 2013); Biographie et mythobiographie de soi: l'imaginaire de la souffrance dans l'écriture autobiographique (Editions Universitaires Européennes, 2012); Memoria autobiografia e immaginario (con Maria Immacolata Macioti, M@gm@ rivista internazionale di scienze umane e sociali, vol.10, n.2, 2012); Raccontare ascoltare comprendere (con Barbara Poggio, M@gm@ rivista internazionale di scienze umane e sociali, vol.10, n.1, 2012).

La *Cucchiara*

A mia madre, per avermi dato un grande esempio di solidarietà e tolleranza inculcandomene i principi fin dalla prima infanzia. A mio padre, per avermi insegnato che il mondo è vasto e bisogna avere il coraggio di affrontarlo con tutte le sue difficoltà.

I tre matrimoni della *Cucchiara*

I

Vent'anni dopo l'Unità d'Italia, quando in Sicilia ormai tutti erano convinti di avere un altro padrone di casa, forse peggiore del primo, nel 1880 fu inaugurato a Catania il nuovo Ospedale intitolato al re Vittorio Emanuele, in sostituzione dell'Ospedale di San Marco, caduto in disuso.

Dalle parti della chiusa del Tindaro il padre di Ciccia, allora non ancora conosciuta col nome di *Cucchiara*[1] già da anni era proprietario di una bettola e di alcune terre lì intorno. La fortuna volle che il suddetto ospedale venisse costruito proprio di fronte alla sua bottega: „il nuovo re, dopo circa vent'anni, porta almeno un po' di lavoro", aveva pensato l'oste, e con esso una quantità di clienti di vario genere. Ma come non bastasse, le terre di sua proprietà, fino ad allora adibite solo alla coltivazione di frutta e verdura, furono dichiarate aree fabbricabili. Nel corso degli anni alle case già adiacenti se ne aggiunsero altre, in molta parte costruite per conto dell'oste, tanto da costituire col tempo il cosiddetto quartiere della *Cucchiara*.[2]

---

[1]Non è stato possibile appurare se si tratta di un soprannome, come credevano tutti in famiglia, nato dalla sua abitudine di distribuire cucchiaiate di minestra ai poveri durante le festività, o del cognome del padre. Sta di fatto che in Sicilia più di quattrocento famiglie portano appunto il cognome 'Cucchiara' e in tutta Italia circa seicento.

[2]Il libro di S. Correnti e S. Spartà, Le strade di Catania, 1999, cita la *vanedda 'a Cucchiara* così denominata per via di una insegna su una bettola, e cioè un grosso cucchiaio. Si suppone che tale insegna sia stata posta dal nuovo gerente del locale per ricordare il nome della vecchia proprietaria. Era infatti tradizione nella toponomastica

L'oste e la figlia a lungo ricordarono la guerriglia fra borbonici e insorti, lo scambio di fucilate e colpi di cannone proprio a pochi passi dalla loro bottega, speranzosi, come tutti, che quella fosse l'occasione buona per liberarsi dall'odiato regime dei napoletani. L'arrivo di Garibaldi, per loro 'Gannibbaddu', era stato motivo di grandi entusiasmi, di giornate infuocate in cui ancora una volta erano risuonate parole come 'libertà', 'indipendenza', risvegliando vaghe speranze di rinnovamento anche in qualche cliente di solito disinteressato a questioni di politica. In fondo, la prospettiva di un futuro migliore, e cioè lavoro sicuro e giustamente remunerato, ma anche di ordine e giustizia, come si diceva promettesse il nuovo governo, metteva un certo calore nelle discussioni che si accendevano nella *Putia*[3]. E se poi questo nuovo re era un piemontese, cioè uno straniero, poco importava, tanto ormai da secoli erano abituati a essere governati da gente che veniva da fuori. Per lui, come oste, era importante che i suoi clienti, fra un litigio e l'altro, continuassero a bere senza scaldarsi troppo. Molto di rado si lasciava scappare qualche parola di commento e la sua opinione, il suo scetticismo erano conosciuti da tutti: „un re vale l'altro", diceva, se poi veniva da Napoli o dal Piemonte o da casa del diavolo, non sarebbe cambiato niente.

Speranze di indipendenza, di autonomia. Tutte inevitabilmente tradite dagli avvenimenti successivi: un piemontese infatti prendeva il posto del napoletano, cioè di male in peggio, queste le loro considerazioni, del resto condivise dalla maggior parte dei contemporanei. Da sempre la Sicilia era stata separata dal cosiddetto '*Cuntinenti*' non soltanto

---

cittadina attribuire alle strade il nome di una bottega o di un frontista; col tempo vennero sostituiti con nomi di personalità pubbliche, come nel caso della *vanedda 'a Cucchiara* che all'inizio del XX sec. acquistò il nome ufficiale di via Carlo Forlanini.

[3]Bettola e anche bottega

dallo Stretto di Messina, ma da secoli di storia, di usi e costumi arcaici appartenenti a un passato ancora assai vivo nell'Ottocento. Un elemento essenziale che separava non soltanto in modo spaziale l'isola dal resto del continente era la lingua: il siciliano non era un dialetto, ma una vera lingua antica, con grandi tradizioni letterarie risalenti al Medioevo, coltivata da scrittori e uomini di scienza che non nascondevano il loro disprezzo per l' italiano che chiamavano con una certa sufficienza 'la lingua del lei e lui'. Non bisogna dimenticare che nella Sicilia di prima dell'Unità la lingua ufficiale per gli scambi commerciali e politici era il francese, come del resto anche in Piemonte.

Negli anni '60 del XIX secolo, quando del nuovo Ospedale non se ne parlava nemmeno, e la *putia* era piuttosto modesta (e così rimase sempre), la giovane Ciccia aveva conosciuto un giovanotto, meno di vent'anni, capelli neri, ricci, di mestiere imprecisato, che bazzicava dalle sue parti non si capiva bene perché. Certo tutti si erano accorti di certe occhiate di fuoco che sapeva saettare all'indirizzo della figlia dell'oste, anche se la sua occupazione principale sembrava essere qualche giro di carte che gli procurava delle vincite sicure. Questo giovanotto, quanto mai spavaldo e attaccabrighe, pur continuando a giocare una partita dietro l'altra, non mancava di vantarsi di essere un ballerino provetto, capace di ballare su qualsiasi superficie, purché ci fosse un po' di musica. Quella era indispensabile. Una sera, provocato più del solito dagli avventori del locale, più o meno sempre gli stessi, dichiarò di essere pronto a mostrare le sue qualità. In un attimo furono spostati tavoli e sedie e subito si fece cerchio intorno a lui. A farlo partire bastò il suono di un semplice *marranzanu*[4] che qualcuno tirò fuori dalla tasca. L'inte-

[4]Ogni pastore, ogni carrettiere era in possesso di questo minuscolo strumento. Non tutti però erano in grado di suonarlo con la dovuta perizia, dato che era necessaria una particolare abilità nell'uso della

resse e il chiaro successo che gli fu tributato alla fine del suo balletto, gli andò alla testa, forse più di qualche bicchiere di vino che non mancava di sorseggiare: se fino a quel momento era stato considerato soltanto un giovanotto un po' sventato e originale, ora di colpo bisognò fare i conti con uno sbruffone pieno di arroganza e spavalderia.

Ormai conosciuto per le sue stravaganze, una sera propose di ballare sopra trenta bicchieri rovesciati su un tavolo: una vera provocazione, una spacconata, secondo la maggior parte degli avventori scettici ma anche divertiti, e cominciarono a volare le scommesse, fra risate e motteggi vari. Dopo un inizio un po' incerto, il giovanotto prese a volteggiare, a saltellare come una gazzella fra la superficie del tavolo e i bicchieri, in un crescendo furioso, senza scostarne neanche uno, mentre tutti, ora in un silenzio di tomba, tenevano il fiato sospeso. Solo il suono del *marranzanu* si sentiva e le suole delle sue scarpe che come possedute dal diavolo scandivano un ritmo selvaggio, forse suggerito da una invisibile creatura infernale. Alla fine scoppiò un applauso come non si era mai sentito prima. Fu un trionfo che travolse pubblico e ballerino fino a tarda notte: nessuno riusciva a credere a quanto aveva visto poco prima e ognuno era convinto di aver sognato, magari ingannato dal vino o da chissà quale stregoneria. Ora giocava sempre meno a carte dato che i suoi introiti gli venivano dalle scommesse che quasi ogni

---

lingua, labbra e non per ultimo del volume d'aria da immettere nella bocca. Un modo per scacciare la noia nelle ore di solitudine, quando le pecore riposavano dopo una giornata di caldo africano e neanche le cicale avevano più la forza di frinire; o lungo una strada polverosa, quando il carrettiere lasciava all'asino l'iniziativa di guidare il carretto verso la stalla, percorrendo una via conosciuta. Il *marranzanu*, uno strumento antichissimo, in continente conosciuto col nome di scacciapensieri, dal suono molto caratteristico che serviva più che altro per accompagnare il ballo della tarantella (soltanto pochi virtuosi riescono a trarne anche delle vere e proprie melodie), entrava nella tasca di chiunque e nella bettola sedevano spesso dei carrettieri esperti di questo strumento.

sera impegnavano gli avventori, a quell'ora piuttosto avvinazzati, pronti a spendere anche gli ultimi spiccioli per un po' di divertimento fuori programma.

La ragazzina non si lasciava mai sfuggire quello spettacolo, affascinata dall'abilità del giovane ma ancor più dai suoi occhi neri, penetranti, che già la possedevano; sguardi assassini che sapevano destare in lei desideri, emozioni, turbamenti nuovi e mai sospettati. Ormai lo aspettava ogni giorno, lo cercava fra i clienti abituali del locale e lo ritrovava come per caso nel cortile dietro la casa, dove la seguiva con qualche scusa, magari al buio, per strapparle un bacio, una furtiva carezza. Fatto sta che appena tredicenne fuggì con lui, come era uso, per costringere i genitori a un matrimonio indesiderato e in ogni caso piuttosto precoce. La classica *fujuta*, praticata in Sicilia ancora negli anni Cinquanta del secolo scorso. Questo giovanotto di testa calda, poco tempo dopo fu coinvolto in un duello per motivi d'onore: qualcuno lo aveva accusato di barare al gioco. Nonostante il divieto del suocero, accadeva infatti che si lasciasse trascinare dalla vecchia passione, senza contare che i suoi compagni lo esortavano, anzi lo sfidavano a una partita a tressette motteggiando che l'amore lo aveva rammollito sia come ballerino che come giocatore imbattibile; che infine dimostrasse di essere ancora un uomo e non si lasciasse comandare dal suocero e dalla giovane sposa.

Un colpo a tradimento, una coltellata alla schiena arrivata da non si sapeva bene quale parte (non si trovò mai l'assassino che magari continuava a frequentare la bettola) interruppe il duello in modo assai drammatico e la ragazza, ancora fresca sposina, rimase vedova di un marito che col tempo acquistò colori sempre più singolari. Fino a tarda età infatti, non perdeva occasione di ricordarlo: un folletto era, bello come un dio; una gazzella elegante e leggera; sempre allegro e innamorato, con due sole passioni nel sangue, il ballo e lei.

Pietosamente aveva dimenticato il gioco delle carte, in realtà la sua occupazione principale, forse per le ambiguità che vi si nascondevano. Ma anche se il primo posto era occupato dal ballo, e su questo non discuteva, la seconda passione, cioè lei stessa, doveva essere stata tale da riempirle l'anima per i restanti anni della sua vita. Che furono tanti. Se fosse vissuto più a lungo è molto probabile che l'idealizzazione che ne nacque dopo non avrebbe potuto aver luogo, dato che Ciccia, fin da ragazza, dimostrò di avere la testa ben piantata sulle spalle. Quel marito ballerino e giocatore di tressette, se poteva affascinare un'adolescente al primo amore, con gli anni sarebbe diventato un peso, soprattutto quando, una decina di anni dopo, in seguito alla morte del padre, dovette rilevare l'osteria con tutte le responsabilità che ne derivarono.

Non trascorse molto tempo e già si presentò il secondo pretendente, un carrettiere conosciuto da tutti per essere colui che portava il vino dai paesi vicini, a uso e consumo della bettola. A differenza dell'altro, questa volta si trattava di un uomo assai serio, anzi attempato per quei tempi, avendo superato i trent'anni. Lui la conosceva fin da piccola e se l'era cresciuta con gli occhi; la vedeva nella bottega fin da quando bambina correva fra i tavoli per mettere in ordine le sedie e ritirare i bicchieri vuoti; aveva temporeggiato per discrezione, aspettando solo il momento opportuno per farsi avanti. Finché era stato troppo tardi.

Quella ragazza volitiva, decisa, che sapeva mettere a posto anche i clienti più pericolosi, e che nonostante la giovane età riusciva a farsi rispettare da tutti, senza nessuna distinzione di ceto né di anni, aveva solleticato la fantasia di più di un avventore. E c'era di mezzo anche il cospicuo patrimonio che si mormorava fosse stato accumulato dal padre, che lei, figlia unica, orfana di madre, avrebbe ereditato. Quel ragazzo ballerino aveva avuto la meglio, un colpo di fortuna che però aveva pagato con la vita, fu il commento di più d'uno. Ma per poco tempo. La sorte, il destino capriccioso che si impiccia degli affari degli uomini, aveva deciso altrimenti. Ora bisognava affrettarsi.

Nessuno avrebbe sospettato in quel carrettiere remissivo e paziente, taciturno oltre il normale, sentimenti di particolare natura verso la giovane ostessa.

Parlare con lei, però, significava mettersi alla prova, mostrare un coraggio che sapeva di non possedere. Ma più che di coraggio si trattava di onore, così giustificava a se stesso le proprie reticenze: un rifiuto lo avrebbe disonorato per tutta la vita. Allora meglio tacere e aspettare l'occasione propizia. Ogni volta che si trovava qualche minuto solo con la ragazza pensava: „Ora. Questo è il momento" e subito perdeva la voce. Le parole, poche, che avrebbe voluto dirle, il discorso ripetuto mille volte durante i suoi solitari viaggi col carretto, un discorso che più lo ripeteva e più si riduceva a due parole essenziali, „volete sposarmi?" gli si strozzava in gola. Si rivolse al padre, approfittando di un momento in cui soli, di mattina presto, subito dopo l'alba, gli consegnava il vino che durante la notte aveva trasportato per lui. Nel cortile dietro la bettola, fra una botte e l'altra, mentre scaricava il suo carretto, si lasciò sfuggire qualche frase senza però mai finirla, ammiccando sempre più impacciato, in attesa di un cenno di incoraggiamento da parte del vecchio che, più taciturno di lui, cercava di interpretare quel borbottio indistinto.

Questo il discorso che riuscì a imbastire a varie riprese:

«Voi mi conoscete... Vi porto due mani di *travagghiaturi*[5]... Il cavallo è mio e anche il carretto. In campagna... qualche albero di olivo può chiamarsi mio e e... c'è anche un pez-

---

[5]lavoratore

zetto di terra al sole... e una capannuccia. Il mio nome onorato e... e... la mia mano di uomo onesto. Lo sapete... vostra figlia...»

Non ci fu parto più difficile né oracolo più sibillino. Il vecchio finalmente capì dove voleva arrivare e lo congedò con la promessa di parlarne con la figlia. Lui stesso non aveva niente in contrario, lo assicurò. Ciccia, conosciuta per la lingua pronta e puntuta, si piegò alla volontà del padre, senza opporre nessuna resistenza: se questo era il suo destino, che si compisse. Non ancora quindicenne, già matura e smaliziata per quanto riguarda la vita e l'amore, sapeva di aver avuto la sua parte di avventura, di passione anche; ora subentrava la ragione ed era giusto che fosse così. Il padre non ebbe difficoltà a convincerla: un brav'uomo, un *travagghiaturi* che sapeva guadagnarsi il pane, un uomo solido, maturo, senza fisime per la testa. E pensava a quel ballerino che non gli era mai piaciuto.

Ci fu soltanto l'intervallo per il lutto, al quale la ragazza non volle sottrarsi.

In realtà custodì quel lutto, quei pochi anni di felicità, di spensieratezza giovanile come un regalo prezioso, fino alla più tarda età.

Il secondo marito fu un buon compagno, non giocava a carte, assai morigerato nel bere e perfino nel mangiare, non ballava (mai un pensiero simile attraversò neanche di sfuggita la sua mente) parlava il giusto necessario, cioè assai poco, di umore sempre uguale e niente passione. In quasi trent'anni di matrimonio mai un litigio, una parola di troppo, una piccola mancanza di rispetto. E niente figli. Aveva continuato il suo mestiere di carrettiere, per cui spesso era lontano, in viaggio fra un paese e l'altro. Neanche si permetteva il passatempo del *marranzanu*; non ne possedeva uno, chissà perché. Forse non si annoiava neanche, durante i suoi lunghi viaggi; è assai probabile che non avesse pensieri molesti da scacciare via. Inoltre, in contrasto col carattere generoso della giovane moglie, era parco, anzi avaro e nel corso degli anni mise insieme un considerevole patrimonio che, aggiunto alla grossa eredità paterna, fece di Ciccia una donna assai ricca. Possedeva un gran numero di case che formavano appunto il quartiere della *Cucchiara*, due chili e mezzo di gioielli e una quantità di denaro, cioè una trentina di *cufini*[6] pieni di monete d'oro che continuavano a circolare anche dopo il cambio della moneta in seguito all'annessione con l'Italia.

Mai avrebbe affidato il suo tesoro a una banca. Le banconote di carta per lui erano pressoché prive di valore.

Quest'uomo, del quale donna Ciccia nel corso della sua lunga vita non pronunciò mai il nome, come del resto non aveva fatto per il giovane marito, forse per una sorta di discrezione di fronte alla morte, morì così come era vissuto, silenziosamente. Una mattina non si svegliò e la moglie capì che era andato per sempre. Lo fece sotterrare senza una lacrima. Lei non era donna facile alle lacrime.

Dopo un certo tempo non mancarono le proposte di matrimonio. Donna Ciccia, nonostante avesse superato i quarant'anni, ancora prosperosa e di una certa imponenza, era in realtà un partito assai appetibile per più di un pretendente. Non era bella, e a questo proposito non mancava di sentenziare: „*I biddizzi nun si mettunu a tavula*[7]", ma teneva a vestirsi bene con particolare accento sui gioielli che portava già di primo mattino. Famosi erano gli orecchini assai vistosi e pesanti che avevano lasciato grossi buchi sui lobi delle orecchie e le numerose collane che le coprivano il petto. A ogni dito delle due mani sfoggiava anelli assai preziosi mescolati ad altri con pietre dure che avevano solo un valore talismanico.

---

[6]cestini

[7]Le bellezze non si mettono a tavola

Lei però aveva deciso di non sposarsi. Alle proposte delle sensali di matrimoni rispondeva che due mariti erano più che sufficienti per una vita sola, e su questo tema non amava discutere.

Tutto poteva aspettarsi dalla vita, mai un fatto simile. Poco prima di chiudere la sua bottega, una notte di tarda estate un signore entrò nel suo locale e si sedette a un tavolo vuoto. Che un uomo di quella fatta si presentasse nella sua *putia*, non era mai accaduto. No, quello non era il tipo d'uomo che frequentava locali come il suo, non era *'omu di vinu, omu di carrinu*[8]*'*, e lui non era certo uomo di *carrinu*, si vedeva subito, non era necessario guardarlo due volte per capirlo, a lui non mancavano né i ducati e tanto meno i *carrini*. Alto, biondo, elegante. Un vero signore di una cinquantina di anni portati bene, con un procedere da padrone. Alla sua entrata i pochi avventori alzarono la testa e smisero di giocare a carte. Nessuno osò più parlare. Chi era, cosa voleva, e cosa significava quella rosa bianca che appoggiò in modo assai dimostrativo proprio in mezzo al tavolo?

L'ostessa, alla vista di quella rosa, capì tutto e impallidì. Ne intuì subito la provenienza. Conosceva la mano che l'aveva preparata, una specialista di intrighi amorosi, o meglio l'unica persona in tutta la città in grado di sciogliere o allacciare nodi d'amore. Mai avrebbe pensato d'essere oggetto dei suoi incantesimi! E ora, eccola qui la sua rosa, che cambiava colore a seconda delle circostanze, strega maledetta. Ormai non c'era via di salvezza. Il suo primo pensiero, alla vista di quella rosa, fu: „*mi pirdii*[9]".

E si perse per tutti gli anni che seguirono.

---

[8]Uomo di vino, uomo di carlino. Il carlino era una moneta d'oro risalente ai tempi del Regno di Napoli.
[9]Sono persa

«Cosa comanda, *voscenza.*» Già insicura, si avvicinò al tavolo, cosa che di solito lasciava fare all'inserviente. Quando aveva sentito, l'ultima volta, la propria voce risuonare così straniera? Quanti anni erano trascorsi...? forse dieci o più. Sapeva che la voce tradisce, denuncia le passioni umane, è schiava dell'irrazionale, delle emozioni, e l'esperienza le aveva insegnato che contro le forze oscure dell'irrazionale non c'è volontà o potere che possa contrastarle. Era convinta di aver oltrepassato, ormai da tempo, l'età delle debolezze che accomuna gli esseri umani, di essere cioè immune alle sollecitudini della carne. E ora questo tradimento.

Colpa di quella rosa.

«Vorrei un bicchiere di quello buono, da bere alla vostra salute.» Lui al contrario aveva una bella voce, alta e sonora. La sentirono tutti, fino all'ultimo tavolo, in fondo alla sala. La voce del comando, pensò donna Ciccia, e ricordò il defunto marito: aveva una voce, quell'uomo? Non lo ricordava più. Lui farfugliava sempre qualcosa, non più di un borbottio e anche quello raro. Entrava e usciva dalla *putia* senza una parola. Trent'anni di silenzi ma anche di assenze. Acqua fresca, liscia liscia, ecco cos'era stato quell'uomo a confronto del ballerino, che sembrava fatto di fuoco. Un tizzone ardente. E fuoco le aveva messo nelle vene, nel cuore, nelle viscere: se solo lo guardava, sentiva uno struggimento, un tremore in tutto il corpo, uno spasimo che solo lui sapeva calmare. Mentre per trent'anni si era ritrovata a letto un pesce morto che prima di accostarsi a lei le chiedeva il permesso, con quel suo borbottio inarticolato. E si faceva anche il segno della croce prima di iniziare.

Per fortuna la lasciava spesso sola e allora la sua gioventù gridava i suoi diritti, come non rispondere? Le occasioni non mancarono, non poteva negarlo, perché *„Fimmina senza amuri è ciuri senza oduri"*[10] e *„Quannu amuri tuppulìa, nun lu*

---

[10]Femmina senza amore è fiore senza odore

lassari 'nmezzo a via[11]". Ma lui non si accorse mai di niente. La sera, le poche volte in cui restava in casa, contava i denari che aveva messo da parte. Non pensava ad altro, non aveva occhi per altro. Ogni anno un *cufinu*. Preferiva quelli che servono per metterci i gelsi neri, diceva, piccoli e maneggevoli.

Alla sua morte lasciò ben trenta *cufini* pieni di ducati d'oro.

Ora che tutti i fuochi della gioventù erano spenti, arrivava questo signore, uno, e si vedeva, che sapeva il fatto suo, con una rosa affatturata.

Intanto che si sedeva di fronte a lui, fece cenno a uno degli inservienti. Come un fulmine, quasi non stesse aspettando altro, quello si precipitò con un bicchiere del suo vino migliore.

«Non bevo se prima non accettate la mia rosa. L'ho scelta per voi, bianca, come si addice alla nostra età... ne convenite, il rosso è il colore della passione giovanile.» Sollevò la rosa dal tavolo e gliela porse. Lei non osò prenderla subito, quasi temesse di scottarsi. Richiamò l'inserviente, che non era mai stato così attento ai suoi comandi, e gli chiese di portare un bicchiere d'acqua. Lui restò tutto il tempo con la rosa in mano, in attesa. Finalmente la prese, con due sole dita, e con particolare cautela la infilò nel bicchiere. Lui aveva osservato la scena, calmo: in quel momento lei sentì di essersi scoperta.

«Non siete disposta a prenderla con tutta la mano. Come devo interpretare il vostro gesto? Avete paura delle spine?»

«„*Cu libbiru po' stari nun si stassi a 'ncatinari*"[12]», fu la sua risposta. Al che lui, nello stesso tono:

«„*Casa senza omu, casa senza nomu*"[13].»

Seguì un lungo silenzio che le diede tempo di osservarlo

[11]Quando l'amore bussa, non lo lasciare fuori
[12]Chi può star libero non deve incatenarsi
[13]Casa senza uomo, casa senza nome.

da vicino. Gli occhi dell'uomo non sfuggirono i suoi ed erano azzurri, due lame d'acciaio che la trafissero.

«Di uomini ne ho avuti due e credo che abbiano dato un nome onorato a questa casa... se non fosse bastato il mio da solo.» Gli occhi dell'uomo brillarono di una nuova luce, un lampo che lei, nonostante la sua conoscenza degli esseri umani, non seppe definire. In quel momento si sciolse qualcosa. Nacque un'intesa: la solidarietà antica che si stabilisce fra due esseri umani, le cui radici, assai profonde, si perdono nella notte dei tempi. Fu un riconoscersi da pari a pari.

«Dove possiamo parlarci indisturbati, donna Ciccia.» Anche la sua voce era cambiata. Quasi sussurrava in una nuova intimità, un tono che svegliava sensazioni che credeva assopite ormai da molti anni. Prese il lume e si avviò nel retrobottega seguita senza alcuna esitazione dal suo ospite. Lì c'era una porta che introduceva direttamente nella sua casa, solo una grande stanza dominata da un letto monumentale che spariva nella penombra, – non aveva bisogno di altro, dato che dalla mattina alla sera, sedici ore al giorno, se ne stava nella sua putìa, e questo fin dalla prima infanzia. Quella era la sua vera casa. Appoggiò il lume sul canterano e lo invitò a sedersi su una delle due poltroncine che si fronteggiavano accanto a un tavolino.

Qui c'era un gran silenzio. Mai si era accorta della pace di quella stanza. Ma anche della solitudine, del vuoto. Per la prima volta ne sentì lo squallore, la mancanza di vita; in quella stanza non era mai risuonata una risata, il pianto di un bambino, se si esclude il suo del quale non aveva nessun ricordo. Qui si erano susseguiti i giorni o meglio le notti della sua vita, tutti più o meno uguali: il russare discreto della buonanima; i gridi soffocati del giovane ballerino; e prima ancora il sonno tranquillo dei genitori. Lei bambina dormiva in un lettino a parte, separato solo da una tenda. Dietro quella tenda dormì poi il padre, buonanima, quando dovette permetterle di sposare il primo amore e qualche anno dopo il carrettiere.

Si sedettero con calma e lui cominciò, con voce suadente, bassa, confidenziale, a parlare. Sapeva toccare le corde giuste, gliene rese merito.

«Ho due figli piccoli che hanno bisogno di una madre, una casa che aspetta di essere governata da una donna e ci sono io, bisognoso di un orecchio comprensivo che ascolti e sappia assolvere i peccati. La donna, l'unica donna della mia vita, mi ha lasciato per sempre, ma non posso permettermi di farmi sopraffare dal dolore per rispetto ai miei figli; lei stessa, prima di morire, mi chiese, come sua ultima volontà, di sposarmi presto, di non restare solo, di dare una madre ai nostri *picciriddi*[14] e poi lo sapete, „*bona terra e bona mugghieri portunu all'omu beni*"[15].»

Ecco un uomo che sapeva andare subito al sodo, capace di grandi sentimenti, che non temeva le parole. Sapeva esprimersi e donna Ciccia che non aveva mai incontrato un uomo simile, ne fu assai impressionata. Gli chiese però di darle tempo, di farle conoscere i bambini, di portarli un pomeriggio, direttamente in casa, senza passare dalla *putia*. Gli mostrò la via, il cortile, il portone. Fissarono subito il giorno e l'ora.

Anni dopo, raccontando questo importante episodio della sua vita, diceva: «Mi sono messa la corda al collo, me ne accorsi appena andò via. Il destino aveva bussato per la terza volta alla mia porta e io non dovevo fare altro che aprire. Due figli, aveva detto, e io non ero riuscita a metterne al mondo neanche uno.» Col ballerino aveva pensato di essere troppo giovane, il suo corpo non ancora maturo per metterci un seme, anche se il seme era così incandescente che

---

[14] bambini

[15] Buona terra e buona moglie portano bene all'uomo

avrebbe potuto attecchire anche su un terreno secco e sassoso. Col secondo, considerò quel seme assai debole, insicuro; allora tentò con alcuni stalloni che avrebbero dovuto assicurarle una prole forte e generosa, essendo loro stessi padri di molti figli. Il risultato fu quello che fu: niente. Era la terra incapace di dare frutti, arida e sterile come un deserto. Una mula, si definì lei stessa, non senza amarezza. Aveva dovuto mettersi il cuore in pace, e ora, due bambini le piovevano dal cielo, e alla sua età, come rifiutare? La bambina, un bastone per la vecchiaia, e due eredi per il suo patrimonio. Una famiglia vera. Affetti sconosciuti. Lasciare la solitudine della sua casa, quel lavoro diventato inutile, che già la stancava, e poi, per chi ammucchiare tanti denari?

Conseguenza di quella prima visita furono pensieri e pensieri. Notti insonni piene di pensieri e nessuno cui confidarli. Per la prima volta si accorse di non avere nessuno con cui parlare, consigliarsi. Fino ad allora non era mai stato necessario, la vita non aveva avuto bisogno di parole. E neanche di pensieri. Tutto aveva seguito il suo corso, senza alcun intervento, senza forzature: la sera, quando andava a letto, sapeva cosa sarebbe accaduto il giorno dopo.

II

Un pomeriggio d'autunno, il padre chiamò i due bambini più piccoli, Agata di sei e Natale di due anni, cosa assai sorprendente dato che fino a quel momento sembrava non essersi neanche accorto della loro presenza, e fece loro un breve discorsetto. Dall'alto della sua autorità li informò che avrebbero fatto una passeggiata in carrozza per andare in una casa dove, li avvertì, dovevano starsene zitti e buoni, cosa che avrebbero fatto in ogni caso – i bambini erano abituati a non aprir bocca in presenza di adulti – ma questa volta i suoi occhi erano particolarmente severi. Era chiaro che si trattava di una cosa molto seria. Quelle poche parole erano rivolte in modo particolare alla bambina, che in qualche occasione aveva dimostrato di avere la lingua inopportunamente sciolta; Natale al contrario sapeva esprimersi solo a forza di urli, quindi gli disse di starsene zitto e basta.

Agata ebbe il permesso di indossare il suo vestito nuovo, nero, per via del lutto, e a Natale furono messe ai piedi, oltre alle scarpette, anche i calzini, anche questa una gran novità: lui al solito protestò urlando, neanche lo stessero scannando vivo. Infine fu attaccato il cavallo alla carrozza e il cocchiere sollevò da terra prima la bambina per deporla sul sedile di dietro, mentre Natale già strillava a più non posso perché avrebbe preferito sedersi a cassetta. Neanche lo sguardo corrucciato del padre riuscì a calmarlo.

In realtà le sue bizze, i suoi capricci, la sua irragionevolezza venivano accettati con comprensione perché lui, povera creatura, era piccolo e orfano, mentre alla bambina non veniva permesso niente, pur essendo orfana anche lei, ma era grande e in più femmina, quindi ragionevole; le femmine per natura sono ragionevoli e non hanno diritti di nessun genere. Questa legge le venne inculcata fin dalla più tenera età. E docili. Le femmine devono essere docili. Per carattere. E su questo non era necessario discutere.

Quella gita inaspettata per la città piacque tanto alla bambina, anche perché mai era accaduto prima, e non la disturbò neanche la presenza di Natale, seduto accanto a lei, impegnato a frignare lungo tutto il percorso, bagnandosi il vestitino nuovo con quel suo moccio disgustoso, che gli colava fin sul petto. Negli anni futuri lo ricordò sempre con un moccolo al naso che poi leccava, anche questo perché, povero bambino, era orfano. Un pomeriggio pieno di luce, fuori dalla tristezza della sua casa, con un padre che mostrava sempre un viso chiuso, gli occhi freddi, inesorabili, la mano veloce nel punire la più piccola marachella dei fratelli. Lei, al contrario, era sempre fuori gioco; a lei erano riservate soltanto le sue famose occhiatacce, più che sufficienti, del resto, per terrorizzarla del tutto.

Non è necessario picchiare le donne, diceva il padre, sono docili per natura. E guai a non avere quella natura!

La carrozza si fermò davanti a un grande portone sormontato da un arco di pietra bianca. Più tardi ricordò l'alto muro grigio scuro, quasi nero, che si perdeva da qualche parte e quel portone, dietro il quale era facile immaginare un cortile; i rami di alcuni alberi sporgevano al di sopra del muro. Agata riconobbe un albero di fico, e lo riconobbe per via dei frutti che ancora pendevano sui rami in gran quantità, ma così in alto che nessuno avrebbe potuto prenderli, se non con l'aiuto di una scala. Tutte riflessioni che fece mentre scendeva dalla carrozza. E già si vedeva in cima a una scala protesa verso quei fichi che sembrava invitassero a essere raccolti. A lei piacevano tanto i fichi.

In seguito, non più bambina, sognò spesso di trovarsi in cima a una scala, in bilico fra cielo e terra, fra realtà e desiderio di evasione, in fuga da una vita che non aveva certo desiderato in quella forma. E nel sogno nessun muro, nessun albero di fichi, nessuna via di scampo: davanti il vuoto, dietro il vuoto. Ferma sull'ultimo gradino, in attesa... tutta una vita di attese. Davanti il vuoto, dietro il vuoto.

Il padre bussò e una voce femminile, dopo qualche tempo, gridò:

«*Cu jé?*[16]» Subito rispose l'abbaiare furioso di un cane. Il padre, con quel suo tono autoritario che metteva sempre tutti sull'attenti, gridò il suo nome e il portone si aprì. Qui seguì, nel giro di pochi minuti, una scena che in seguito, nei ricordi della famiglia, si confondeva nelle sue fasi successive, anche per l'inesattezza del racconto dei vari protagonisti. Una specie di mostro, un enorme cane nero legato a una catena in fondo al cortile, prese a saltare e abbaiare come impazzito cercando di liberarsi. Con uno strattone infatti riuscì a staccare l'anello dal muro cui era fissata la catena e in men che non si dica si gettò su Natale che, come suo solito, se ne stava proprio davanti alla porta, in prima fila. Anche questa volta voleva essere il primo. La bambina invece era rimasta buona buona dietro il padre, come era giusto che fosse, essendo una femmina, e così accadde quello che doveva accadere: don Ciccio, prevedendo tempestivamente il pericolo, sollevò il bambino da terra, mentre con un piede cercava di tenere a bada quella bestiaccia, intanto che gridava:

«Accuccia! Accuccia!» Fuori di sé, il cane afferrò la gamba dell'uomo che con un calcio poderoso riuscì a farlo ruzzolare proprio in mezzo al cortile. In quel momento uno sparo interruppe quella scena selvaggia. Qualche secondo prima una donna aveva attraversato di corsa il cortile e ora, col fu-

[16] chi è?

cile fumante ancora imbracciato, se ne stava sulla soglia della casa, attenta e pronta a sparare un secondo colpo nel caso il cane si fosse mosso. La mira era stata perfetta. Come colto dal fulmine, quel mostro infatti era crollato sul momento. Stecchito.

Questo fu il primo incontro della *Cucchiara* con la sua nuova famiglia.

Lei stessa, più tardi, in uno dei suoi rari momenti di loquacità, raccontò questo episodio, moderatamente compiaciuta della propria mira infallibile, della prontezza con la quale aveva reagito e del sangue freddo dimostrato nell'uccidere il proprio cane, che, vedi caso, si chiamava *Cujè*. Vedova da qualche anno e conosciuta per la quantità di oro che teneva nascosto in casa, sapeva di entrare nel giro di interessi di più di un delinquente del quartiere; così, al fucile che già possedeva da tempo volle aggiungere un cane da guardia, il più cattivo possibile, al quale aveva dato nome *Cujè*. Appena qualcuno bussava o soltanto sentiva un rumore, le bastava gridare „chi è", e il cane correva all'assalto.

Finalmente, ancora storditi da quanto era accaduto, i nuovi ospiti oltrepassarono la soglia e si trovarono nel cortile che avevano intravisto da fuori, molto più grande di quanto avessero immaginato. Vi potevano stare infatti vari carretti carichi di vino, più i cavalli. Un enorme albero di fichi spandeva la sua ombra su buona parte del cortile; in fondo, ancora altri alberi e un orto.

Sopra un tavolo, vicino alla porta di casa, un gran cesto pieno di fichi:

«Li ho colti proprio adesso per voi. Servitevi», disse donna Ciccia.

La sua voce non tradiva la minima emozione, e mentre appoggiava al muro il fucile col quale pochi minuti prima aveva ucciso il proprio cane, fece loro cenno di accomodarsi sulla panca. Senza affrettarsi e senza battere ciglio esaminò poi la gamba del suo ospite. Per fortuna il cane aveva azzannato soltanto la parte inferiore dello stivaletto, lacerando i pantaloni neri, nuovi di zecca, indossati proprio per quell'occasione. Il cane non aveva fatto in tempo ad affondare i denti con più forza, fino a raggiungere la carne.

«Donna Ciccia, è così che si ricevono gli amici?» Ancora pallido, la voce sonora come sempre, cercava di dominare l'agitazione, forse per la prima volta un po' meno sicuro del solito. Senza contare che oltre allo spavento doveva avere dei forti dolori alla caviglia, cui naturalmente non accennò.

La donna, che il padre chiamava donna Ciccia (e così la chiamò sempre, dandole del voi) infine porse ai bambini il cesto perché prendessero qualche frutto; Natale, che si era già servito da solo, nonostante avesse la bocca ancora piena, si riempì subito le mani e il grembo, quasi dovesse saziare una fame di chissà quanti mesi, mentre Agata, sempre ragionevole, prese un solo fico. La *Cucchiara* la guardò negli occhi con improvvisa solidarietà e sorrise per la prima volta (in seguito Agata doveva scoprire che quei rari sorrisi erano segno di comprensione e consenso): aveva capito e apprezzato la sua discrezione. Per se stessa e per il padre riempì due bicchieri di vino che insieme a una brocca si trovavano su un angolo del tavolo, e bevve alla salute di tutti. Questo voleva significare, nel suo linguaggio tutto particolare, che accettava la nuova famiglia.

Un pomeriggio di primo autunno, luminoso e caldo, come gli autunni siciliani, che diede una svolta decisiva nella vita di diverse persone, ma soprattutto in quella della *Cucchiara*.

Infatti, eliminando il suo famoso cane *Cujè* con quel fucile del quale fino a quel momento si era servita solo per spaventare qualche mariolo, aveva messo il punto sulla sua vita futura. Un gesto assai significativo. La decisione era già stata presa, senza lasciare spazio a dubbi o ripensamenti.

E lui, don Ciccio, lo capì.

La *fimminedda*[17] era come l'aveva sempre desiderata: docile, riservata, già grandicella. L'accettò subito. Il bambino, dopo essersi riempito il pancino di fichi, si arrampicò sulle sue ginocchia e vi si accoccolò facendosi piccolo piccolo. Dopo qualche minuto dormiva già, il viso impiastricciato di fichi, le manine sporche aggrappate alla pettorina del suo vestito, la testa piena di riccioli biondi abbandonata sul suo petto. Non aveva mai conosciuto la dolcezza, l'immenso calore che sa dare il corpo di un bambino, il richiamo ancestrale di protezione, forse di amore, che una creaturina sa trasmettere a un adulto col solo contatto fisico.

Lo strinse a sé, grata e commossa.

Don Ciccio notò anche quel gesto e seppe di aver vinto la partita.

Si era innamorata di quel bambino e questo senza l'intervento di nessuna fattucchiera. Un'esplosione, un'ondata di tenerezza, un sentimento nuovo, sconosciuto, per un attimo scaldò il suo cuore ormai privo di speranza; la nostalgia di una maternità che la natura le aveva sempre negato reclamava ora i suoi diritti e lei sentì quel richiamo, istintivamente, tanto che avrebbe voluto tenere quel bambino subito, senza perdere altro tempo. Ma non fu possibile. Don Ciccio tornò altre volte, sempre solo, per stabilire i termini e le condizioni del contratto matrimoniale. Donna Ciccia cedeva i liquidi riservando per sé tutti gli immobili. Per quel bambino avrebbe dato tutto l'oro del mondo; nessun prezzo era troppo alto per quel cucciolo umano, bisognoso di amore. Lui accettò e non volle neanche conoscere l'effettivo ammontare del patrimonio. Fu sempre un uomo molto generoso, le lasciò piena libertà di azione, non volle mai sapere niente delle sue entrate, delle vendite e compere di case che

---

[17] femminuccia

continuavano a occuparla. Tutte le sue decisioni continuò a prenderle sempre indipendentemente da lui.

Firmato il contratto davanti al notaio, fu stabilita la data delle nozze. Lui non poteva permettersi, per via dei bambini, un lungo periodo di lutto. Si sposarono nella sua casa dietro alla *putia*, alla buona, senza invitare nessuno, soltanto l'ufficiale di stato civile, più i testimoni.

Nonostante la semplicità della cerimonia lei volle mettersi il vestito di seta nera che aveva indossato al funerale della buonanima, il secondo marito, un vestito che le era costato un occhio della testa. Non era giusto che restasse chiuso nel cassettone. Un bellissimo grembiule di seta nera, tutto ricamato a mano, più uno scialle con una lunga frangia e una quantità di collane, anelli, bracciali, e un paio di orecchini di brillanti comprati per l'occasione, completavano l'abbigliamento. Lei aveva una cassetta di gioielli che avrebbero fatto gola a più di un gioielliere. E già in cuor suo li aveva destinati alla *femminedda*. Alla fine, insieme ai testimoni e all'ufficiale di stato civile, brindarono con un bicchiere di vino, di quello buono, e mangiarono i biscotti che aveva fatto preparare da un fornaio di fiducia.

Andati via tutti, don Ciccio chiese di vedere i famosi *cufini* di monete d'oro. Era nel suo diritto, dato che ormai gli appartenevano per contratto; una domanda del tutto legittima della quale lei non si meravigliò neanche un poco.

Erano allineati sotto il letto, quello nel quale aveva dormito prima col ballerino e poi con la buonanima. Un letto nero come un catafalco, fatto costruire con tutti i sacramenti dai suoi genitori. Neanche la lava dell'Etna avrebbe potuto smuoverlo da lì. E infatti per poter raggiungere i *cufini* furono costretti a smontarlo, pezzo dopo pezzo, dato che era impossibile spostarlo dal suo posto né infilarsi sotto. Lavorarono di comune accordo, in silenzio, togliendo prima la sopraccoperta di cotone bianco, poi le lenzuola, i materassi di crine, che erano quattro, poi le tavole e infine le due sponde e la testiera, tutto. Lui disse che tanto quel letto non sarebbe più servito a nessuno. Al contrario per donna Ciccia ogni pezzo che smontava significava staccare una penna di fegato dall'anima, una rinuncia al suo passato con un presente e un futuro pieni di incognite. Quel letto era stato un testimone muto e consenziente, sempre discreto, per un numero infinito di anni. Il letto dei suoi genitori, dove era stata concepita, dove era nata, dove aveva conosciuto l'amore, quello vero, col suo ballerino. E le prime volte aveva avuto difficoltà a lasciarsi andare per rispetto verso la memoria di sua madre. Lì infatti era spirata quella santa donna davanti a lei bambina, che non capiva cosa stava succedendo.

Fino a poco tempo prima aveva creduto che anche lei sarebbe morta lì, con indosso il suo vestito di seta nera, il grembiule e il resto, e invece doveva aiutare uno sconosciuto a smontare, pezzo dopo pezzo, la parte più importante della sua vita, come cosa inservibile, da buttare via. Insieme a quel letto eliminava tutto quanto aveva contato fino a quel momento: la sua identità di donna indipendente e la sicurezza di sapere cosa le riservava il futuro.

Ora l'aspettava il letto di un'altra. Così aveva deciso il destino.

Quando in seguito raccontava questo importante episodio della sua vita non mancava mai di concludere con uno dei tanti proverbi che infarcivano i suoi discorsi: „*Si sapi unni si nasci, ma nun si sapi unni si mori*[18]!"

Infine vennero fuori i *cufini* e don Ciccio sgranò gli occhi: non aveva mai visto tanto oro in vita sua. Disse subito che

---

[18]Si sa dove si nasce, ma non si sa dove si muore.

voleva contare le monete. Donna Ciccia senza una parola allargò un lenzuolo per terra e lo invitò a versarci dentro tutti i *cufini*. Ne venne una montagna di ducati d'oro che lo impressionò oltre ogni dire. I suoi occhi luccicarono di una luce che non piacque alla donna. Ma fu la prima e l'ultima volta che vide quella luce, solo che non la dimenticò mai. Si sedette per terra, lui così elegante, senza neanche levarsi la giacca, e si mise a contare, rimettendo le monete nei cestini. Lei non lo aiutò. Si sedette nella sua poltroncina e aspettò, tacendo. Ogni tanto mangiava un biscotto e beveva un bicchiere di vino per tenersi sveglia; così trascorse tutta la notte, la prima notte.

Pensava?

Certo rifletteva sull'avidità umana e la cecità che ne è una conseguenza; ma anche sul prezzo che senza batter ciglio aveva pagato per poter stringere ancora fra le braccia quel bambino biondo: lui l'avrebbe ripagata di questa e di chissà quali altre amarezze che il futuro teneva in serbo per lei.

La mattina presto, poco prima che spuntasse il giorno, stanco e stravolto, la barba lunga, i baffi per traverso, la giacca e la camicia in disordine, mise l'ultima moneta nell'ultimo cestino e senza dire una sola parola cominciò a caricare tutto nella carrozza che aveva lasciato attaccata nel cortile, già dal pomeriggio precedente. Donna Ciccia spense il lume, si alzò e senza un solo commento lo seguì.

Finalmente la portò nella sua casa, per la prima volta. Lei aveva già provveduto a trovare un nuovo *putiaru* e ora, alle prime luci dell'alba, in una carrozza sconosciuta, insieme a un uomo sconosciuto, si allontanava per sempre dal luogo dove era nata e vissuta, senza neanche gettare uno sguardo indietro; spogliata di tutta l'aura che fino a quel momento aveva avvolto la sua persona; di colpo soltanto la moglie di Francesco P. e niente altro.

Nella nuova casa l'aspettavano non poche sorprese: oltre ai due bambini che aveva visto quel pomeriggio, nel cortile della sua casa, sotto l'albero di fichi, tre ragazzi le vennero presentati, di dieci, quattordici e quindici anni. Mancava solo Antonietta, di dodici anni, che, come in seguito le raccontò don Ciccio, era fuggita con un disgraziato che lavorava nel suo magazzino. Ancora non era riuscito a farli sposare perché la ragazza si intestardiva a dire che non voleva quell'uomo neanche a peso d'oro. Non capiva per quale motivo avesse cambiato idea, ma non voleva neanche ascoltarla.

La casa era grande, ogni stanza una cattedrale, donna Ciccia non aveva mai visto una casa simile. Ma trascurata, perché si sa, „*casa senza fimmina 'mpuvirisci*[19]. Si vedeva che mancava una padrona; la donna che avevano puliva giusto dove passa la suocera e niente di più. Ebbe bisogno di molto tempo per abituarsi a questo nuovo ruolo e non fu facile, soprattutto con i due ragazzi più grandi che nei primi tempi si rifiutarono di riconoscere la sua autorità. Cominciarono col chiamarla a *putiara*[20], e non *Omà* come le spettava di diritto essendo la loro seconda madre. Don Ciccio li teneva saldamente in pugno e non permise mai che le mancassero di rispetto; ma non fu necessaria alcuna intromissione, lei sapeva farsi rispettare e in pochissimo tempo capirono da che parte tirava il vento.

Natale fu l'unico a chiamarla mamma, dandole anche del tu e questo per tutti gli anni futuri, consolandola della prima notte di nozze e di quelle che seguirono, della improvvisa freddezza di don Ciccio, del silenzio meditabondo durante il breve percorso in carrozza dalla *putia* alla nuova casa, senza una sola parola di commento sulla cerimonia di quel pomeriggio, la quantità di oro trovato sotto il letto, la notte trascorsa a contare e rimettere a posto le monete.

Per gli altri, col tempo, fu solo *Omà* e il voi restò il loro

---

[19]Casa senza donna impoverisce
[20]L'ostessa

modo di comunicare perché, come dice il proverbio antico, „*A troppa cunfirènza finìsci a malacriànza*[21]".

Donna Ciccia non fu mai una buona padrona di casa, aveva sempre lavorato nella sua bettola e non sapeva accudire una famiglia. Prese una serva più esperta di quella che aveva trovato e pian piano imparò a comandarla e anche a guidarla, cosa non facile se si considera che fino a quel momento aveva avuto a che fare solo con uomini; più tardi dovette ammettere che è più facile mettere a posto un uomo che una donna!

Don Ciccio le lasciò sempre mano libera, non si lamentò mai di niente e secondo il suo giudizio fu un marito rispettoso e col tempo forse anche un po' affezionato. Per il resto, data l'età, sarebbe stato disdicevole avere rapporti intimi.

[21]Troppa confidenza conduce alla malacreanza.

III

La casa dove entrava donna Ciccia era stata fino a qualche mese prima teatro di una dramma che aveva sconvolto fin nelle sue fondamenta l'equilibrio di quella famiglia.

A lungo in quella strada fu ricordata la seconda moglie di don Ciccio, una donna di grande temperamento, assai bella nonostante le numerose gravidanze, praticamente una l'anno, come usava allora, e la nascita di ben sei figli, ora di età fra quindici e due anni, senza contare un numero imprecisato di bambini morti in tenera età. Benché tanto più giovane di don Ciccio, aveva un carattere forte che le permetteva di tenere in pugno il personale dei magazzini di proprietà del marito, esportatore di agrumi in tutta l'Europa, tutti uomini non certo abituati a lasciarsi comandare da una donna. Non ancora quarantenne, soffriva da qualche tempo in seguito all'amputazione di un piede, resasi necessaria, si disse, per una cancrena a un'unghia. Relegata nel grande letto matrimoniale, le cortine sollevate, la gamba fasciata posta su una specie di supporto, gridava di dolore, giorno e notte, tanto che fino in fondo alla strada si sentiva la sua voce, sempre più rauca e affaticata. Quando quelle grida si affievolivano fino ad ammutolire del tutto, ognuno pensava: „le hanno fatto la morfina." Cadeva allora in un sonno profondo e guai a far rumore; tutta la famiglia camminava in punta di piedi, nessuno osava fiatare e l'infermiera che l'assisteva giorno e notte aveva cura che i bambini più piccoli stessero buoni. Anzi ad un certo punto si era data da fare per allontanarli da casa.

Era la primavera del 1904. Agata e Natale furono portati da una vecchia parente, appunto per non disturbare la malata. Quando finalmente fu loro permesso di ritornare, trovarono il letto vuoto, le cortine abbassate e un'atmosfera tetra, di lutto stretto. La casa, silenziosa e buia, dato che le persiane erano state definitivamente chiuse per evitare che insieme alla luce entrassero i suoni della strada, era irriconoscibile. Sembrava che la madre si fosse portata via ogni gioia di vivere, ogni speranza di un ritorno alla normalità; i due bambini non osavano neanche giocare, tale era il silenzio, e se litigavano cercavano di farlo sottovoce, di nascosto, benché ormai non ce ne fosse più alcuna necessità. Ma l'atmosfera era tale che anche gli adulti mormoravano fra di loro, quasi la morta fosse ancora presente, lunga distesa nella bara, rimasta solo poche ore esposta al pubblico per via del caldo.

Nessuno si prese la briga di raccontare una storia qualsiasi, di dare qualche spiegazione: allora si era dell'opinione che i bambini non capissero niente, ciechi e sordi, insensibili al mondo che li circondava, relegati in una specie di limbo di ottusità mentale. Non videro più la madre né seppero dove fosse andata a finire. Agata non ebbe neanche il coraggio di chiedere spiegazioni, i fratelli più grandi la zittirono e basta. Antonietta, la sorella maggiore di lei di sei anni, già una donnina ragionevole, alla sua domanda: „dov'è la mamma?", le aveva solo fatto un segno, indicando il cielo e lei a Natale aveva cercato di spiegare quel poco che lei stessa aveva capito. Non sembrò che il piccolo fosse particolarmente interessato alla storia, chiamava solo la mamma e piangeva cercandola. Da allora Agata si convinse che il fratello fosse affetto da una congenita incapacità di capire. Più tardi la sua opinione non mutò, in tutto e per tutto appoggiata dal resto della famiglia: in realtà non si trattava soltanto di età. Anche più tardi manifestò deficienze assai chiare, una notevole ristrettezza mentale se non proprio una vera mancanza di intelligenza che già da ragazzino lo aveva fatto relegare dai due fratelli maggiori, Santu e Puddu, insieme a Vincenzo, anche lui piuttosto limitato, nella categoria più infima, alla quale neanche la bambina, essendo femmina, aveva il diritto di appartenere.

Le femmine, del resto, tutte in blocco, secondo precise regole stabilite in quella famiglia e forse anche altrove, facevano parte di una sotto-categoria a sé stante.

Nel ricordo di Agata tutti gli avvenimenti che sconvolsero la sua famiglia erano accaduti in una stagione calda, di certo d'estate, tanto è vero che rivedeva se stessa in un vestitino leggero senza maniche e Natale in una lunga camiciola forse una volta bianca, che indossava giorno e notte, stropicciata e piena di macchie. E correva in giro a piedi nudi perché nessuno si era curato di comprargli un paio di scarpe. I piedi di Natale erano sempre sporchi, come del resto tutto il resto della piccola persona. Aveva tanti riccioli biondi, come il padre, ed era grasso e capriccioso; ognuno che lo vedeva andava in estasi e non mancava di paragonarlo a un angioletto. Un angioletto sporco che puzza di pipì e di cacca, pensava Agata, sempre pronto a strillare per ogni sciocchezza, compianto per la sua condizione di orfano di madre mentre lei, al contrario, lo disprezzava dal profondo dell'anima. Disprezzo che mantenne per tutto il resto della sua vita.

Qualche settimana dopo la scomparsa della madre, era sparita anche la sorella Antonietta, il sostegno anzi il conforto del padre e di tutta la famiglia. Durante la malattia della madre, con l'aiuto di una donna che già da tempo abitava in quella casa, si era occupata dei bambini con una maturità al di sopra dei suoi pochi anni, conquistandosi perfino il rispetto dei due fratelli maggiori. Il che non era poco, considerando il fatto che apparteneva alla sotto-categoria delle femmine.

Antonietta fu rapita in pieno giorno. Il padre invece era convinto che avesse seguito il cosiddetto rapitore di sua spontanea volontà, e che quindi si trattava della classica *fujuta*, come effettivamente si affrettò a dichiarare l'uomo, impiegato dai P., che con quel gesto aveva pensato di risolvere tutti i problemi esistenziali della sua vita. Solo che non aveva fatto i conti con la durezza del padrone e neanche con la testardaggine della ragazzina. Il padre infatti lo mise subito alla porta, proibendogli di riportare in casa la figlia disonorata. Antonietta, allora appena dodicenne, ancora anni dopo continuò a sostenere la teoria del rapimento, dicendo di essere andata con lui senza protestare perché lo conosceva da sempre, di essere stata ingannata e basta. Mai avrebbe sospettato che aveva l'intenzione di portarla via di casa per sposarla. Le aveva soltanto promesso una granita al limone, dietro l'angolo della strada, dove, le aveva detto, era fermo un gelataio. E invece quel gelataio non c'era. Allora le aveva proposto di andare più avanti, al prossimo angolo di strada, e così di angolo in angolo erano finiti in casa di zia Concetta, parente di lui. Troppo tardi si rese conto dell'inganno compromettendosi irreparabilmente. La zia, già prevenuta, la convinse di non muoversi da lì finché fosse venuto suo padre a prenderla. Cosa che non accadde. La povera Antonietta non aveva avuto il coraggio di tornare a casa perché temeva di perdersi, di non ritrovare la strada del ritorno, dato che, secondo l'uso del tempo, non le era mai stato permesso di uscire da sola.

Don Ciccio P. sposando la famosa *Cucchiara*, aveva concluso l'affare più importante della sua vita. Alto e biondo, occhi azzurri, il classico tipo normanno che sorprende sempre di incontrare in Sicilia, dove si pensa di vedere solo discendenti di arabi e saraceni, sembrava un uomo venuto dal Nord. Portava un bel paio di baffi stranamente scuri, che accentuavano la linea delle labbra sottili e dure, mai disposte a stendersi in un sorriso, in contrasto con la dolcezza dei capelli ricciuti, ben tirati sulla testa, con una scriminatura da una parte. Ogni mattina lottava con i riccioli (i ricci stanno bene alle donne, soleva dire con un certo disprezzo) e per tenerli a freno dormiva con una specie di retina in testa, alla quale aggiungeva una mascherina, il cosiddetto piegabaffi. Per questo motivo non permetteva a nessuno di vederlo appena alzato dal letto, per evitare il ridicolo di quell'acconciatura che avrebbe potuto sminuire un po' della sua autorità. Era un uomo rigido, inesorabile, abituato a comandare e soprattutto a farsi ubbidire. Parlava poco e ogni parola era un comando. La voce, gelida, non ammetteva repliche. I figli per lui non nutrivano affetto, ma timore e rispetto. Del resto lui non si aspettava altro dai figli e dal mondo in generale. Timore e rispetto, questi i valori fondamentali che avevano guidato la sua vita, con una sola eccezione: le donne. Nel rapporto con il cosiddetto gentil sesso sapeva ammorbidire le spigolosità del suo carattere, addirittura mostrare debolezze e anche passionalità che avevano il potere di affascinare, sedurre, piegare alla sua volontà anche le fortezze più inespugnabili.

Come la *Cucchiara*, anche lui aveva due matrimoni alle spalle; il primo doveva risalire alla fine degli anni Settanta del XIX secolo, come si può dedurre dalla data di nascita di Peppino, nato appunto nel 1876, quello che aveva un negozio di cereali dalle parti di San Cristoforo e che in seguito, in età piuttosto avanzata, sposò la bella Sara.

Peppino crebbe insieme agli altri figli, dato che la seconda moglie era anche sua zia, poiché don Ciccio aveva sposato due sorelle, una dopo l'altra. Si disse che avesse intrattenuto rapporti abbastanza intimi con la giovane cognata anche durante la malattia della prima moglie, tanto è vero che il figlio maggiore Puddu nacque nello stesso anno, o soltanto qualche mese dopo la morte della prima moglie.

La seconda moglie fu il grande amore della sua vita, e per lungo tempo nessuno riuscì a spiegarsi come mai avesse sposato la sorella maggiore, dalla quale ebbe, oltre a Peppino, una bambina, morta insieme alla madre durante un parto travagliatissimo, e non l'oggetto dei suoi desideri. Fu un mistero che si chiarì per la famiglia molto più tardi.

Alla morte della seconda moglie don Ciccio si chiuse in un dolore duro e senza speranza. Mai un sorriso, mai di buonumore. Sempre tetro, fino alla fine dei suoi giorni; non si curò di nascondere il suo lutto davanti a nessuno. Più di una volta fu visto piangere, la testa appoggiata su un braccio, scosso da singhiozzi irrefrenabili. Ripeteva di aver perso la sua metà migliore, di essere diventato sciancato e mezzo cieco. Di continuare a vivere solo per i figli. Questo dolore suscitava una sorta di timore e stranamente nessun compianto, forse per l'eccessiva serietà o meglio rigidezza con cui usava vivere, ma ancor più per il suo disprezzo verso ogni debolezza umana, per l'incapacità di accettare gli errori altrui.

Ancora a lutto stretto, non lasciò trascorrere molto tempo che già decise, per motivi pratici, di riprendere moglie. Un fatto che non sorprese nessuno; questa volta non erano in gioco i sentimenti, qui si trattava di interessi di varia natura. Le due prime donne non avevano portato una dote consistente, forse la prima moglie, ma non era chiaro quanto. In ogni caso aveva lasciato tutto all'unico figlio Peppino; per quanto riguarda la seconda, non se ne sapeva niente.

Don Ciccio si rivolse a una sensale di matrimoni, una pettinatrice.

Questo straordinario personaggio, oggi sparito dal costume sociale, svolgeva un compito assai importante di comunicazione e mediazione. Ogni donna che avesse un minimo di decoro e anche un po' di denaro, aveva bisogno di essere pettinata ogni giorno da una pettinatrice, una cosiddetta *Pilucchera*, che andava di casa in casa, portando notizie, informazioni e pettegolezzi vari. Un'ottima istituzione che fungeva da agenzia matrimoniale, anche se di tipo casereccio, ma molto efficiente e discreta. Il pretendente si rivolgeva a una parrucchiera ben introdotta, le spiegava le sue pretese e questa non doveva fare altro che cercare fra le sue tante clienti il partito adatto.

Le richieste di don Ciccio erano assai chiare: una donna ricca, non più giovane, possibilmente vedova, disposta ad occuparsi dei suoi figli – ne dichiarò solo due – e soprattutto ragionevole, senza grilli per la testa.

La donna fu presto trovata. In teoria. Solo che non aveva nessuna intenzione di sposarsi, come aveva dichiarato più di una volta. Donna Ciccia reagì anzi con molta decisione. Trovò addirittura offensivo, se non proprio indecente che alla sua età (fra i quaranta e i cinquanta) si potesse ancora venire da lei con proposte simili.

Don Ciccio si intestardì. Inaudito! Una donna che si permetteva di rifiutare un uomo come lui meritava una lezione. Quel rifiuto fu peggio di uno schiaffo in pieno viso, un'offesa che non poteva lasciare impunita, dichiarò in seguito.

Si trattava di orgoglio ferito, di vanità... o c'era di mezzo il grosso patrimonio della *Cucchiara*, conosciuto in città come una specie di *truvatura*[22]? Fatto sta che si rivolse a una fattucchiera, una strega potente, la migliore di tutte in questioni d'amore. Senza per questo sentirsi sminuito nella sua sicurezza di maschio siciliano.

Non deve sorprendere che ancora all'inizio del XX secolo fosse naturale rivolgersi a una fattucchiera per risolvere problemi di ogni genere. La Sicilia conservò ancora assai a lungo strutture, usi, abitudini di tipo arcaico; lì il tempo scorreva a un ritmo assai rallentato nei confronti del resto dell'Europa; lo stesso re Ferdinando II ebbe a dire che l'Africa incominciava già a Napoli. Chiaro dunque che Catania fos-

[22]Tesoro nascosto

se piena di personaggi assai equivoci, ognuno con una sua specialità, oscillante fra la predizione del futuro, la preparazione di filtri d'amore o di morte, e altro ancora. In seguito, qualche anno dopo, la *Cucchiara* stessa interpellò una fattucchiera, conosciuta per le sue indiscutibili capacità in campo giuridico.

Il figliastro Santu aveva ferito in duello un suo rivale: un delitto d'onore, come allora si chiamavano questi litigi fra giovanotti per motivi di donne. Santu era un gran dongiovanni e lo fu fino all'ultimo. Le sue avventure galanti erano note in famiglia e fuori.

Non è necessario aggiungere che ne erano tutti assai fieri.

All'età di diciassette anni o forse più avanti, riuscì a soffiare la ragazza a un amico. La sorella minore, Agata, vide dal balcone come quel giovanotto, un bravo ragazzo che conosceva già da tempo, andasse su e giù lungo la strada, le mani in tasca, il viso torvo, chiaramente in attesa di qualcuno. Appena Santu si avvicinò per rientrare in casa gli venne subito incontro e senza dire neanche una parola gli saltò addosso tenendo in alto un coltello affilatissimo. Fu un attimo. Santu che non ne possedeva uno, con mossa repentina glielo tolse di mano e lo ferì a sua volta direttamente al collo. A prima vista sembrò che gli avesse tagliato la testa; forse non fu così, ma con certezza si trattò di un colpo mortale. Cadde infatti come un sacco di patate, insanguinando la strada; subito fu un accorrere di gente, un vocio di curiosi, mentre quel sangue sembrava non volesse finire di scorrere. Un pomeriggio terribile per tutta la famiglia, anche perché arrivò la polizia e Santu fu portato via.

Fatti di questo genere erano assai frequenti in una società dominata da un eccessivo senso dell'onore, in cui la violenza, spesso provocata dalla necessità di farsi giustizia da soli, non veniva tenuta a freno da uno Stato che mancava ai suoi compiti. Senza contare il carattere passionale dei siciliani che giustificava e giustifica agli occhi della gente certe reazioni del tutto irrazionali. In ogni caso assai primitive.

Ne seguì un processo, svoltosi per chissà quali motivi, in una città vicina; una mattina presto la *Cucchiara*, in compagnia di una sua conoscente, una famosa strega, partì per testimoniare a favore del figliastro. Al contrario Agata, benché fosse stata l'unica a vedere tutto fin dall'inizio, fu lasciata in casa, per non dire che a nessuno interessò ascoltare il suo racconto. La strega, munita di una lunga corda, necessaria per 'legare' i giudici, durante tutta la durata del processo non fece altro che annodare un nodo dietro l'altro, recitando certe sue litanie, come raccontò poi la *Cucchiara*. Alla fine si ritrovò in mano un grosso groviglio di nodi. La corda, vedi caso, finì nello stesso momento in cui il giudice pronunciò la sua sentenza. Santu, manco a dirlo, fu assolto per legittima difesa e tutto il merito andò alla strega!

Il padre si limitò a pagare la parcella all'avvocato difensore, secondo la *Cucchiara* del tutto superfluo. Un storia che servì però enormemente al prestigio di donna Ciccia in famiglia, dato che le guadagnò la stima dei due figli maggiori, che fin dal primo momento avevano mantenuto un atteggiamento assai scettico nei suoi confronti.

Più che occuparsi dell'ordine materiale di quella casa, dopo un breve periodo di assestamento donna Ciccia decise di prendere le redini dell'andamento possibilmente morale della sua nuova famiglia. Il primo problema che si presentò fu il reinserimento di Antonietta in seno alla famiglia. Dopo una serie di prediche, di incontri all'insaputa di don Ciccio, con promesse di vario genere, riuscì finalmente a convincerla a sposare il suo rapitore, tanto ormai non aveva altra scelta, le disse, mai più avrebbe potuto trovare un altro uomo disposto a sposarla; inoltre le fece capire che lei sarebbe stata sempre dalla sua parte. In realtà dopo aver visto insieme la ragazza e il rapitore si rese subito conto che fra i due non c'era mai stato niente e che mai ci sarebbe stato niente. Lui oltre a tutto da tempo aveva una donna, una vedova con tre bambini, che doveva mantenere e dalla quale mai si sarebbe separato. Antonietta non si stancò mai di dichiarare che il loro matrimonio non fu mai consumato, disse di essersi sempre negata difendendosi con morsi e calci e di averlo stancato soprattutto con l'arma del disprezzo. Nonostante le proteste, le lacrime, le preghiere, il padre fino all'ultimo si rifiutò di rivederla, pur costringendola a sposare quell'uomo per salvare l'onore della famiglia; dichiarò che senza quel matrimonio non avrebbe più potuto andare per strada come prima: la vergogna, il rossore, gli sguardi ironici di chi lo conosceva lo avrebbero ucciso. Le proibì con estrema durezza di mostrarsi anche solo nelle vicinanze della loro casa.

Donna Ciccia si diede da fare per riconciliare la ragazza col resto della famiglia. Per prima cosa escogitò una grande scena da recitarsi in pubblico, il giorno di Pasqua. Fece venire Antonietta insieme al marito e in mezzo alla strada, mentre le campane suonavano Cristo risorto, li fece inginocchiare davanti a don Ciccio, che con una scusa aveva portato fuori casa. Davanti alla gente non poté rifiutare il perdono. La figlia e il genero gli baciarono la mano, che lui per fortuna non ritirò, e la pace fu fatta.

Subito li fece entrare in casa per festeggiare la Pasqua insieme al resto della famiglia. Anche i due capi popolo, Santu e Puddu, fino all'ultimo momento ritrosi, dovettero accettare il fatto compiuto. I piccoli invece accolsero la sorella con gridi di gioia e subito si stabilì che la coppia di sposi avrebbe preso dimora nella casa accanto, che donna Ciccia, senza dire niente a nessuno, aveva comprato in precedenza.

Antonietta non visse molto: avrà avuto forse ventidue anni quando si ammalò assai gravemente. La mano della matrigna, famosa in tutta la città per saper guarire una quantità di malattie, con lei non ebbe nessun effetto.

La mattina dalle cinque alle sei, quando in casa ancora tutti dormivano, lei riceveva i suoi malati e li guariva con l'aiuto dello Spirito Santo e della sua mano miracolosa che prendeva su di sé le malattie del suo prossimo. Questa la sua convinzione. Non accettò mai un compenso materiale per queste prestazioni, non considerandosi responsabile dei miracoli che si ripetevano giornalmente sotto gli occhi di tutti: secondo lei, lo Spirito Santo le aveva dato questo dono. Lei era solo lo strumento, la materia viva di cui si serviva sulla Terra.

I due fratelli maggiori la portarono a Napoli, la capitale del vecchio Regno, da un professore di fama. Qualche giorno dopo arrivò un telegramma: „Antonietta deve morire." Donna Ciccia per anni si chiese cosa avesse spinto i due giovani a scrivere un telegramma simile; maledetta la scrittura e chi l'ha inventata, borbottò quel giorno e gli altri che seguirono, e non volle neanche confrontarsi con quei misteriosi mezzi di comunicazione che sapevano seminare solo disgrazie e sventura. Don Ciccio infatti, alla lettura di quel telegramma ebbe un colpo dal quale non si riebbe più. Amava quella figlia più di tutti gli altri; diceva che gli ricordava la moglie nei modi, nella persona, persino nella voce. Il ritratto di sua madre. Non sopportò quella seconda perdita. La figlia visse ancora pochi mesi, sempre malata, a letto, con dolori spaventosi che niente riusciva a calmare. Anche in questo tale e quale la madre, diceva don Ciccio.

Purtroppo la mano miracolosa non ebbe successo: neanche in questo caso riuscì ad allontanare quel cane che giorno e notte gli mordeva il cuore; non servì nemmeno l'avergli somministrato ogni mattina quattro tuorli d'uovo sbattuti col marsala, per rinforzarlo, diceva convinta.

Del resto neanche i medici trovarono la medicina giusta.

Don Ciccio morì qualche anno dopo la figlia, lasciandola per la terza volta vedova, ma non sola. Ormai aveva dei figli che la riconoscevano come loro madre. Tutti e cinque, e due di loro le volevano anche bene.

D'ignoti Parenti

Le disgrazie avevano avuto inizio col suo cognome da ragazza: 'Anna Di Ignoti Parenti', un marchio che si portava sulla pelle fin dalla nascita. Lei, con la supponenza che le era propria, affermava di ricordare i genitori, la sorella e il fratello prima che, in seguito a una grande tragedia, rimanesse sola, ancora molto piccola, in mezzo a una strada. E con questo si riferiva inequivocabilmente a una strada. Un tema che bruciava e che evitava sempre di toccare. A questo proposito raccontava storie che si contraddicevano fra di loro. Ma due tornavano con una certa frequenza: il grande terremoto di Messina dove aveva perduto tutta la famiglia, - cosa piuttosto improbabile, dato che a quell'epoca aveva già almeno un figlio, se non due, - e un fulmine che aveva incenerito la sua famiglia rifugiatasi sotto un albero, lungo una strada di campagna. Lei, rimasta indietro, si era salvata per miracolo. Della sua infanzia non parlava mai e tanto meno delle sue esperienze in orfanotrofio, dove con ogni probabilità era cresciuta (fatto questo che negò sempre).

Forse la storia del fulmine era vera... ma che conta?

Ai fini di questa storia, quello che conta è solo un dato di fatto: la grande rabbia in corpo, il desiderio di rivalsa contro le ingiustizie della vita, contro i ricchi e i benestanti per i quali era stata costretta a lavorare e infine contro quel giovane cui aveva ceduto, forse per amore, ma non lo ammise mai, o solo per debolezza, come dichiarava sempre, rovinando così definitivamente la propria vita. Perché lei all'amore non credeva proprio. Se questo fosse frutto di chissà quali umiliazioni subite in orfanotrofio o di un'infanzia di miseria presso una famiglia al margine della società, è del tutto indifferente. Lei aveva un conto da saldare con la società e con la vita stessa. Con energia e un furore che non diminuì neanche in età avanzata, lottò per affermare i propri diritti, fosse anche stato contro i figli, che a loro volta spronati da questa madre severa e intransigente riuscirono, chi più chi meno, a raggiungere un certo benessere.

Una ragazza nella sua situazione non aveva molte alternative; queste in realtà si limitavano a due soltanto: andare a servizio o sposare un uomo in grado di mantenerla. Ma anche per un giovane con una qualifica artigianale trovare un qualsiasi lavoro era un'impresa destinata a fallire; lo sviluppo economico nella Sicilia dell'Unità d'Italia, rispetto al resto dell'Europa, era fermo ad alcuni secoli prima. Il vecchio regime aveva assicurato alla meno peggio un certo livello di vita, con piccoli commerci, sfruttamento dei giacimenti minerari, esportazioni via mare di prodotti del luogo, soprattutto agricoli: qui non bisogna dimenticare che il 90% dell'economia nazionale si basava sull'agricoltura. All'Unità seguì una grossa ondata di emigrazione non verso le regioni del nord Italia o del resto dell'Europa, come avvenne dopo la II Guerra Mondiale, ma in paesi assai lontani, via mare, fatto dovuto forse al costo del viaggio, in ogni caso minore rispetto a quello ferroviario. Milioni di disperati, decisi a cercare altrove quel benessere che anche il nuovo governo negava loro, varcarono gli oceani, la maggior parte verso le due Americhe. Qui crearono vere e proprie colonie di siciliani, incrementando inoltre con le loro rimesse di denaro, guadagnato assai duramente, le casse delle banche italiane.

Anna aveva sperato che anche il marito avrebbe seguito l'esempio dei più, senza contare che sarebbe stata pronta a partire insieme a lui, come fecero moltissime donne e bambini. Ma lui non se la sentiva. Quel viaggio, lungo e chissà quanto pericoloso, lo metteva in crisi, senza pensare all'arrivo, in un paese straniero, in mezzo a gente che non conosceva, che magari parlava un'altra lingua... cosa avrebbe potuto fare lì? Che lavoro? Lui in realtà non aveva mai imparato un mestiere, come del resto la maggior parte degli uomini di città. In campagna la situazione non era migliore: ogni ragazzo, ogni uomo era costretto a lavorare la terra, costituendo il cosiddetto bracciantato stagionale, che permetteva ai proprietari terrieri una produzione agricola a basso costo. Una importante forza lavoro sottopagata, sfruttata, sempre sull'orlo della fame e della disperazione che esplodeva periodicamente in movimenti rivoluzionari subito soffocati nel sangue. Un lato della Sicilia forse sconosciuto ai più.

Se soltanto avesse avuto un altro carattere, si lamentava lei. Sarebbe bastata almeno una forte costituzione fisica sulla quale poter contare. Invece niente. Un ometto mingherlino, rispettosissimo delle autorità, dei superiori e dei ricchi, umile e sottomesso. No. Con un uomo simile non avrebbe potuto neanche cambiare casa, strada, quartiere, figurarsi paese, continente! Lei sì, avrebbe avuto il coraggio di andare oltre oceano, affrontare difficoltà di vario genere, mettersi in lizza come gli altri, per guadagnarsi anche lei il suo posto al sole. Con quel marito invece aveva le mani legate.

I sentimenti se li possono permettere quelli che hanno la pancia piena, soleva dire, la povera gente deve pensare a sfamarsi; la testa è occupata solo da questo pensiero; l'amore non ha mai fatto bollire l'acqua in pentola; per altri pensieri o sentimenti non c'è posto: prima la pancia, poi il cuore. Questo il suo motto. E la pancia non transige, grida i suoi diritti tutti i santi giorni. Mentre il cuore, quello deve soltanto fare il suo dovere: battere giorno e notte. Altro non è necessario.

Con quel brav'uomo di suo marito visse una quindicina di anni in guerra continua. La guerra aveva origine dall'insolubile conflitto su come accordare il pranzo con la cena. Senza considerare il resto. Lui vendeva giornali per strada; non era riuscito neanche a metter su un chiosco, sempre perseguitato dalla malasorte o, come affermava la moglie, dalla sua incapacità di acciuffare la fortuna al momento opportuno; così che lei si vide costretta a servire nelle case dei ricchi anche dopo il matrimonio. Questo il suo grande rimprovero.

Il primogenito, Nino, usava portarlo con sé, ancora bambino, perché sapeva stare al posto suo.

È nata da queste prime impressioni infantili la visione di quel mondo che pur appartenendogli solo per alcune ore della giornata, sapeva non essere il suo? Nacque allora quella inestinguibile nostalgia di benessere, la smania di lusso, di cultura che poi perseguì per tutta la vita? Le case eleganti, gli studi pieni di scaffali carichi di libri, le cucine luminose e il senso di benessere che si respirava in ogni stanza di quelle case: questo il sogno, l'aspirazione di tutta una vita. Questa l'origine di quella sua brama di ricchezza a tutti i costi, anche a costo di mentire, di stravolgere la realtà, di osare tutto come un giocatore che non teme la china, la rovina completa, pur di sfidare la sorte, fino all'ultimo, oltre ogni ragionevole istanza?

E la prima delusione le venne proprio da questo bambino. Decisa a iniziare la sua scalata sociale, lo aveva mandato a scuola già a cinque anni, per cominciare prima, con un certo vantaggio rispetto agli altri. Ma quel figlio si nascondeva, scappava di casa, in una parola si rifiutava di andare a scuola. Non trascorse una settimana e già se lo portò dietro, fuori città, con la scusa di andare a cercare cicoria, per poi lasciarlo da un pastore di pecore al quale chiese di assumerlo seduta stante. La lezione servì, perché poco tempo dopo arrivò un ragazzotto mandato dal pastore: suo figlio aveva deciso di tornare a scuola! Una storia che più tardi lui stesso si divertiva a raccontare ai propri figli, come avvertimento forse, ma anche per sottolineare la durezza di carattere della madre. Non dimenticava mai di aggiungere che prima dell'età scolastica, invece di andare all'asilo, che allora non esisteva neanche, era costretto a lavorare da un falegname, – doveva mescolare e rimescolare la colla in un pentolino su un fuocherello – riscuotendo un piccolo salario che ogni fine settimana portava alla madre. Una storia edificante per una generazione di bambini che aveva la fortuna di conoscere il gioco oltre alla scuola, ma non certo il lavoro.

E fu proprio Nino, ormai quarantenne, nonostante avesse moglie e figli – cosa per la madre di secondaria importanza – che per una supposta mancanza di rispetto si vide arrivare un sonoro schiaffone, somministratogli dalla benedetta mano materna, mandandolo sull'istante a gambe all'aria.

La madre ripeteva ogni volta che lo considerava opportuno, e queste opportunità si presentavano con una certa frequenza, quando cioè batteva cassa, che lui le doveva la vita non una volta sola, come ogni essere umano la deve alla propria madre, ma due volte. La prima volta perché gli aveva permesso di nascere, dato che l'essere concepito non è da solo una garanzia: se l'uomo, in tutta la sua leggerezza e irresponsabilità, lascia che il suo seme si metta a proliferare, senza tener conto del fatto che in un prossimo futuro dovrà sfamare anche un'altra bocca, quando non è capace neanche di sfamare la propria, la decisione finale, a essere giusti, spetta alla donna e solo a lei. Quindi era stata lei a permettergli di venire al mondo, con tutte le conseguenze che poi ne erano derivate; il figlio, tutti i figli, affermava, devono la propria vita alla madre, solo a lei e questo fin dal primo respiro. Perché c'è vita solo dove c'è respiro, non prima.

Ma se, stando alla comune morale, questa prima circostanza avrebbe potuto essere considerata cosa stabilita dalla natura, anche perché lo facevano più o meno tutte, la seconda vita, quella vera, quella decisiva, aveva ben altre origini. Quella era stata fonte di ben altri sacrifici: in poche parole, per lui aveva rinunciato alla ricchezza! Il che non è poco, bisogna riconoscerlo, soprattutto se si considerano le condizioni di estrema miseria in cui versava. Ma avrebbe dovuto dare in cambio l'anima del figlio, la sua salvezza e la speranza della vita eterna. Un prezzo altissimo che non aveva voluto pagare.

Anche il parroco aveva lodato la sua decisione.

E qui tornava la storia del diavolo che si era presentato varie notti consecutive. Da poco sgravata del primo figlio, a una certa ora della notte aveva sentito uno scalpiccio leggero di passi che l'aveva svegliata. Accesa la candela che teneva accanto al letto, aveva subito visto un gran numero di grossi topi, che in fila indiana facevano un giro intorno al suo letto dicendo:

«Titì-teccà. Titì-teccà[23].»

E aveva subito capito che si trattava del Grande Tentatore. A lei non la dava a bere nessuno, i topi normali li conosceva fin troppo bene, quelli non avevano l'abitudine di parlare né di marciare in fila indiana per poi dileguarsi nel nulla. Ed era chiaro cosa volevano: l'anima di suo figlio in cambio di una *Truvatura*[24]. Non era possibile avere il minimo dubbio.

«No», disse subito, «l'anima di mio figlio non l'avrete mai.» E quelli sparirono per tornare alla carica la notte seguente. Per sette notti consecutive tornarono, sempre con lo stesso rituale; l'ultima notte poi si fermarono proprio davanti alla culla, ripetendo il solito *Tití teccá*, in un tono da accapponare la pelle. Lei allora alzò il crocifisso che teneva attaccato al muro, sopra il letto, e urlò: «Mai!» – e quelli scomparvero, lasciando dietro di sé un forte odore di zolfo e una scia di fumo, di provenienza assai sospetta. Questa fu l'ultima apparizione. Era di venerdì, giorno di per sé assai funesto.

---

[23]Formula magica
[24]Tesoro nascosto

Fino alla più tarda età raccontò questo fantastico episodio accaduto durante i primi mesi di vita del primogenito, non cambiando mai una virgola, mai un particolare; una storia vera, sottolineava, confermata anche dal parroco che era poi venuto a benedire la casa. Del resto lo sapeva ognuno che il diavolo usava apparire sotto le sembianze di un grosso topo. Dal tempo dei tempi. Prima di andare via il prete le aveva poi lasciato una bottiglietta di acqua benedetta, nel caso quel maledetto tentatore si fosse rifatto vivo. Sarebbe bastata una spruzzatina per annientarlo per sempre.

Questo sì, era stato un gran sacrificio, chiunque sarebbe stato pronto ad ammetterlo. Solo il figlio no. Ogni volta che se ne veniva con la storia del diavolo, lui rispondeva sarcasticamente:

«Ma chi ti ha autorizzato a salvare la mia anima? Chi te l'ha fatto fare? Avresti almeno dovuto chiedere di aspettare finché fossi cresciuto... magari accettavo l'affare. In fondo si trattava della mia anima e non della tua.»

Inoltre dubitava assai di tutta la faccenda, anche perché sapeva che la madre, se soltanto ne avesse avuto l'occasione, avrebbe venduto non solo l'anima al diavolo, ma anche la sua pelle, pur di uscire dalla situazione di estremo bisogno in cui versava cronicamente. E quando il figlio le comunicò la sua intenzione di sposare una ricca ereditiera, – a questo scopo aveva incaricato una sensale di matrimoni – dichiarò che anni prima avrebbe fatto meglio a vendere la sua anima al diavolo, se solo avesse saputo di doverlo cedere vita natural durante a un'altra donna.

«Credi che ti ho salvato dal diavolo per perderti poi con una diavolessa?», gridava convinta delle sue ragioni, annodando nervosamente il fazzoletto nero che teneva sempre in testa, in casa e fuori.

«All'inferno mi ci hai già mandato in vita ed è un miracolo se ne sono uscito sano e salvo.» E alludeva alla decisione della madre, quattro anni prima, appena finite le scuole, di arruolarlo in Libia, per via dei soldi che ne avrebbe ricavato.

Data la spiccata intelligenza, confermata da tutti gli insegnanti, dopo le classi d'obbligo, infatti, soltanto a lui aveva permesso di proseguire gli studi, pur costringendolo a lavorare, prima e dopo la scuola.

Una convinzione molto radicata in quella famiglia fu che il primogenito, nascendo, si era aggiudicata tutta la materia grigia disponibile nella massa ereditaria. Per gli altri non era rimasto niente, meno che niente, un motivo di più, secondo la madre e gli altri fratelli, affinché il più intelligente, per risarcirli del danno subito, provvedesse al loro mantenimento. E questo anche oltre la maggiore età.

I figli, tutti e quattro maschi, fin dalla più tenera età erano andati a bottega, che portassero qualche spicciolo per contribuire alle spese del loro mantenimento. Nella sua famiglia non c'era posto per fantasie di grandezza: il lavoro pulito, giustamente remunerato, e il timor di Dio, queste le sue leggi. Ferree, come ferrea era la sua mano abituata ai lavori più duri, e quelle dita che sapevano tenere saldamente il freno morale della sua famiglia, erano leste a far scorrere con l'abituale energia i chicchi del rosario almeno una volta al giorno. Si rivolgeva a Dio con rabbia, non certo con umiltà, mettendolo alla prova, se necessario accusandolo di non stare dalla sua parte, chiedendo giustizia e anche vendetta per i torti subiti, in un dialogo continuo, esasperato, concitato. Il prete, che la conosceva ormai da anni, la esortava a non disperare, Dio la vedeva ma non poteva esaudire i suoi desideri. Che ne sarebbe stato di Lui se avesse ascoltato le richieste di tanti poveri peccatori come lei? Un coro di desideri, di lamenti che saliva a Lui, da tutto un mondo di diseredati, un'immagine scoraggiante per lei che considerava Dio di sua esclusiva proprietà, una specie di vicino di casa da interpellare ogni momento e per qualsiasi bega, cui chiedere un favore, un consiglio, all'occorrenza anche un prestito pecuniario.

Un bel giorno, ormai in età avanzata, buttò il suo rosario nella spazzatura e con una tremenda bestemmia maledisse Dio e tutti Santi. Non andò più in chiesa e dimenticò Dio, il grande traditore, colui che non aveva mai mosso un dito per lei, nonostante le sue preghiere.

Fu come se, con quel gesto, avesse sgombrato l'anima da ogni risentimento, si rassegnò al proprio destino senza più protestare e smise perfino di giocare al lotto. Sul letto di morte si rifiutò di confessarsi né permise che un prete venisse col viatico. Nessuno dei figli presenti ebbe il coraggio, almeno per un ultima volta, di disobbedirle.

Aveva vissuto sempre sostenuta da severissimi principi morali; i suoi figli erano stati educati da lei con polso di acciaio, quando necessario col bastone, sempre sola nell'esercizio di questo difficile compito dato che sul marito buonanima non aveva mai potuto contare. Un brav'uomo, conosciuto per la sua onestà, che lei definiva dabbenaggine, oltre che per una congenita incapacità di portare soldi a casa. A parte le piccole vincite settimanali al lotto. Poca cosa, è vero, ma buoni per arrotondare quella miseria che riusciva a guadagnare: ogni fegato di mosca è sostanza, usava dire. Solo il secondogenito, Giuseppe, quello che aveva costretto ad imbarcarsi per l'Algeria, poco prima di partire aveva imbroccato un terno secco, un fulmine a ciel sereno, un colpo di fortuna unico nella vita, da leccarsi le dita. Purtroppo aveva dovuto giocarlo insieme al suo maestro di canto per mancanza degli spiccioli necessari. Il ragazzo aveva voluto dividere, mezzo mezzo, benché fosse stato lui a sognare i numeri, senza contare che SUO padre glieli aveva dati in sogno, in fondo SUO marito, parte della SUA famiglia anche se già morto. E SUO padre lo aveva scongiurato di andarli a giocare subito, appena alzato, senza cabala e senza libro dei sogni, per modo di dire, a caldo; mentre l'altro, il vecchio, non si era sporcato le mani se non per anticipare quei quattro soldi per la giocata, quasi per scherzo, senza neanche crederci troppo.

Il ragazzo già da quando aveva sedici anni lo conosceva, ogni giorno andava a casa sua per la lezione di canto. Gli voleva un bene dell'anima, come a un padre e forse di più; anche la camicia gli avrebbe dato, non soltanto una parte della vincita; un uomo che ammirava e rispettava come nessuno mai. Senza contare la speranza di fare carriera, con quella magnifica voce di basso che si ritrovava. Gli aveva fatto conoscere la grande musica, il mondo del teatro, la magia del palcoscenico e le ballerine, senza contare che lo aveva caldamente raccomandato al Teatro Bellini per farlo entrare nel coro. Solo per poco tempo però, lo aveva assicurato, dato che presto avrebbe sostenuto piccole parti da solista e poi, il mondo, i grandi palcoscenici, il successo e, particolare non trascurabile, molto denaro.

Questa storia del teatro, delle ballerine e ancor più dei grandi palcoscenici del mondo, non era mai piaciuta alla madre. Una vergogna illudere così un giovane, portarlo sulla via del vizio e della perdizione. Ché già si sapeva, il teatro. La gente di teatro. L'ultima feccia dell'umanità, scomunicati perfino dalla Chiesa. *Vade retro Satana*. Anche il parroco lo aveva confermato. Lei lo aveva costretto a imparare un mestiere pulito, onesto, anzi santo: il falegname, il mestiere di San Giuseppe. Mentre lui correva dietro a quel tentatore di anime. Ormai non pensava ad altro: doveva sradicarlo dalla città, allontanarlo dal vecchio e dal teatro.

La vincita facilitò di molto la realizzazione dei suoi progetti. Se soltanto avesse potuto intascare tutta la somma, vinta da 'suo' figlio, coi 'suoi' numeri, dati da 'suo' marito, sottolineava sempre, per almeno un anno sarebbe andata avanti senza preoccupazioni. Invece quel vecchio satiro e subito dopo una ragazza, della quale fino a quel momento non conosceva neanche l'esistenza, le avevano tolto l'ultimo resto di tranquillità. Quella svergognata infatti, appena si era sparsa la notizia di quella favolosa vincita, si era precipitata da lei, in compagnia della madre, decisa a farsi sposare su due piedi e magari partire con lui. La madre aveva avuto perfino la sfacciataggine di dirle che la sua povera figliola si era data a Giuseppe per amore! Un bel coraggio, questo sì, e una faccia di bronzo senza pari, prima abbindolare un ragazzo di neanche vent'anni, ancora ingenuo, anzi vergine, pulito come lo aveva fatto la sua mamma, e poi raccontarlo pubblicamente. Chiaro che minacciò di denunciare le due femmine di malaffare per seduzione di minorenne. Madre e figlia. Anche lei del resto in teatro. Una madre snaturata che permetteva alla figlia di calcare le peccaminose tavole del palcoscenico. Se ne vedevano ora i frutti. Si tenesse ben stretta la figlia disonorata, – se poi era vero – in fondo se l'era andato a cercare lei stessa. Non aveva avuto peli sulla lingua. Una scenata memorabile che aveva fatto tremare le pareti della sua misera casa e che, ancora anni dopo, costituiva argomento di infiniti pettegolezzi fra le vicine subito accorse da tutto il vicolo per godersi lo spettacolo. Infine, niente di più opportuno di quella partenza affrettata. Gli aveva evitato guai più grossi: il vecchio e il suo teatro, la ragazza e il matrimonio in vista.

E come era stata ripagata dal figlio degenere? Per anni non arrivò una sola lettera, neanche una cartolina di saluti.

Ma alla cartolina e ai saluti avrebbe rinunciato volentieri, se soltanto avesse mandato qualche vaglia. Niente, dall'Algeria non arrivò mai un soldo, benché fosse venuta a sapere che dopo un primo periodo di difficoltà era riuscito a metter su una piccola bottega di falegname. Questa la gratitudine dei figli, si lamentava ancora venti anni dopo, questa la riconoscenza. Gli aveva salvato l'anima e il corpo, allontanandolo da due fonti sicure di peccato. Chi semina vento miete tempesta, concludeva sempre e non si capiva bene chi avesse seminato quel vento. Ma questa era una sua frase preferita che ripeteva sempre, a conclusione di ogni discorso, a proposito e a sproposito. Ad ogni modo, l'ennesima ingiustizia che si aggiungeva alle tante altre che aveva dovuto sopportare nel corso della sua lunga vita.

Pare invece si trattasse di una vera storia d'amore; Giuseppe non tornò in Sicilia e nutrì verso la madre un risentimento che non si attenuò neanche dopo la sua morte; mai riuscì a perdonare quella terribile intrusione nei suoi affetti e nei suoi interessi. A lei e solo a lei attribuì il grande fallimento della sua vita, per colpa sua non si sposò mai e non mise su famiglia, restando solo per il resto dei suoi giorni.

Agata

Nelle primavera del 1925, Nino, primogenito di Anna D'Ignoti Parenti, di anni ventidue, da poco congedato dopo quattro anni di militare in Libia, pensò di risolvere tutti i suoi problemi sposando una donna di qualsiasi età, purché ricca. Una decisione drastica e definitiva, ma non aveva scelta: come primogenito sapeva di dover mantenere i fratelli almeno fino alla loro maggiore età, e la madre, ormai vedova da diversi anni, per tutta la vita.

Non fu mai chiaro come fosse venuto in possesso di un negozio di mobili, carico di debiti, forse rilevato dalla madre a sua insaputa, ancora prima del suo rientro dalla Libia. Per questo motivo si rivolse a una sensale di matrimoni, la classica *Pilucchera*, con l'incarico di guardarsi intorno per trovare un buon partito adatto alle sue necessità, cioè una ricca ereditiera, di qualsiasi età, ma con un grosso capitale liquido. Il tutto nel più breve tempo possibile. Impresa non facile, dichiarò subito la sensale, cui la lunga esperienza aveva insegnato a capire con chi aveva a che fare: in quella richiesta qualcosa non funzionava. Si rese subito conto che sarebbe stata necessaria una buona dose di fantasia per convincere una donna a infilarsi in una situazione che più ambigua non sarebbe potuta essere: ognuno infatti sapeva che il negozio era ormai in mano ai creditori, ma quasi questo non bastasse si aggiungeva una madre assai scomoda che arrogava diritti non trascurabili, più due fratelli minori da mantenere. Quasi per scommessa cominciò a guardarsi intorno e trovò fra le sue clienti forse la persona adatta: una giovane di una trentina d'anni, bella, ricca, tenuta prigioniera in casa da quattro fratelli, quattro cani arrabbiati, – così li definì anche per preparare il pretendente a possibili difficoltà, due dei quali sposati. A questi era necessario aggiungere due cognate e le loro famiglie, più la matrigna, la famosa *Cucchiara,* nota guaritrice che però non esercitava da anni la sua missione.

La *Pilucchera* lo avvertì di presentarsi alle tre del pomeriggio di quel caldissimo 10 luglio del 1925, in un'ora cioè in cui ogni cristiano che si rispetti usa schiacciare un pisolino nel buio della propria casa, le persiane abbassate già di primo mattino nella vana speranza di catturare quel resto di brezza proveniente dal mare, dopo una notte di caldo soffocante. E possibilmente nel silenzio più assoluto. Gli diede l'indirizzo preciso, via Gisira, dietro il Palazzo Asmundo: non volle neanche confidargli il nome della ragazza, per non comprometterla, in caso non gli fosse piaciuta. Nominò solo l'ammontare della dote, conosciuta da tutti i vicini di casa e altrove, e l'età della donna. Lui, da parte sua, aveva considerato necessario dare alla mediatrice qualche falsa informazione, circa età ed entità del proprio patrimonio.

L'attitudine a correggere la realtà con molta fantasia era già allora una caratteristica della sua natura. Particolarità che con gli anni, se possibile, si accentuò; in certe circostanze, secondo una sua teoria più volte sostenuta a sua difesa, si vedeva costretto a risparmiare agli altri la durezza della verità, di per sé assai soggettiva.

Si appostò all'angolo di quella strada e aspettò che una delle persiane del primo piano, e in quella casa c'era solo un primo piano, si alzasse. Alle tre in punto, infatti, qualcosa si mosse senza rumore, e un viso di donna si affacciò a una delle finestre, cercando qualcuno sulla strada. Pettinata con cura, i riccioli neri alzati sopra la testa per allungare la forma del viso piuttosto rotondo, un collo bianco e un busto fiorente di donna già matura si presentò alla sua vista. Anni dopo lui la descrisse semplicemente come ‘una cassata’ pronta per essere divorata. Lei lo vide subito, si tirò indietro nel vano della finestra e fermò il suo sguardo su di lui: „un moscardino”, lo definì poi, piccolo e magro, ma svelto e vivace. Si fissarono a lungo, studiandosi. Senza un sorriso, senza un solo cenno del capo. Infine, una mano, bianca e grassoccia, si mostrò un momento, riabbassò le persiane e sparì; la giovane donna continuò a fissarlo però attraverso le sbarre delle persiane, insieme alla matrigna, alzatasi per questo motivo dal letto. La *Cucchiara* voleva vederlo senza essere vista. Non disse mai quale fosse stata la sua prima impressione.

Il solo commento fu:

«È ancora molto giovane, ma la gioventù non è un peccato.»

Quello stesso pomeriggio arrivò la *Pilucchera* con una lettera, la prima di tante; una lettera piena di espressioni ridondanti, similitudini iperboliche, frasi da far venire il capogiro a una ragazza inesperta di letteratura come lei. Il giovanotto aveva un linguaggio di tipo ottocentesco e una scrittura ispirata ai romanzi in voga a quel tempo, che impressionò molto la giovane, certamente non abituata a voli poetici. Ci voleva inoltre del tempo per decifrare la sua calligrafia e ancora di più per capire quelle parole sconosciute, e sarebbe meglio dire, straniere, cioè in lingua italiana. Ed era già una fortuna che sapesse leggere. La *Cucchiara* infatti, e tutti quelli della sua generazione, considerava la scrittura una diavoleria venuta insieme ad altre diavolerie dal Continente. Una delle tante disgraziate conseguenze dell'Unità d'Italia. Ai suoi tempi, ripeteva, nessuna legge aveva mai obbligato un povero cristiano ad andare a scuola; pochissimi sapevano leggere e scrivere, nessuno si poneva questo problema e nessuno mai aveva sentito la necessità di saperne di più: a che scopo leggere e che cosa leggere?[25] I libri della Chiesa forse?

Lei non era mai stata un'*assicuta parrini*[26], in Chiesa non entrava neanche a Pasqua, pur essendo credente. La sua era una religiosità di origine arcaica, che usava i Santi alla stessa stregua di divinità primitive. I suoi rituali, assai particolari, avevano il solo scopo di indovinare il futuro o di aiutarla a guarire diverse malattie. Lei rivolgeva le sue preghiere solo a Santi specializzati, con mansioni particolari: il più importante era San Vito, con i cosiddetti 'Viaggi di San Vito' che le permettevano di gettare uno sguardo su quanto sarebbe accaduto nel più prossimo futuro. A tale scopo usava andare per strada, fare un giro intorno alla sua casa e ascoltare quello che dicevano i passanti, intanto che lei stessa ripeteva a bassa voce una specie di giaculatoria propiziatrice; dalle frasi che riusciva a carpire ricavava il necessario per tirare le sue conclusioni, quasi si trattasse di interpretare un oracolo. E per queste cerimonie non era mai stato necessario saper leggere e scrivere.

Quando, anni prima, Agata era stata costretta ad andare a scuola per frequentare le due classi d'obbligo, aveva scosso la testa, in questo d'accordo col marito che aveva solo commentato:

«Per un uomo... passi, a volte gli può essere utile saper leggere e scrivere, ma le ragazze... che necessità hanno? Se ne servono solo per scrivere lettere d'amore... e questo col beneplacito del Governo di Roma! Un altro frutto dell'Unità d'Italia.»

Ora, vedendola leggere quelle lettere, pensava a quanto avesse avuto ragione don Ciccio. In altri tempi, le storie d'amore non avevano bisogno della scrittura, per secoli si era

[25]Prima dell'Unità d'Italia, l'analfabetismo in Sicilia oscillava fra l'80 e il 90%, ma anche nel resto dell'Italia era soltanto di poco inferiore.
[26]Che sta dietro ai preti.

andati avanti senza lettere d'amore e nessuno ne aveva tratto alcun danno. E scuoteva ancor più la testa quando vedeva la figlia (che per lei non fu mai figliastra) china su un foglio di carta rosa o cilestrina, intenta a rispondere ai bigliettini infiammati del suo spasimante.

Quel continuo andare e venire della P*ilucchera* le diede da pensare:

«Se avete tanto da dirvi, perché non ve lo dite in faccia? Digli di venire e facciamola finita.» Fu così che qualche settimana dopo il giovanotto entrò per la prima volta nella loro casa. Per l'occasione si era strigliato ben bene, usando perfino del profumo come poi non fece mai più nel corso della sua vita, deciso a fare la migliore impressione possibile. Ma era nervoso, in qualche modo insicuro data la sua scarsa conoscenza del mondo femminile, quello delle donne cosiddette per bene: lui si era limitato a qualche incontro fortuito con prostitute di basso rango e questo soltanto durante il suo lungo soggiorno in Libia. Ora era ansioso di venire a contatto con una donna di buona famiglia, anche per vedere se le sue arti seduttive avevano successo: in fondo si trattava di tentare la fortuna, un'occasione unica che neanche nei suoi sogni più arditi aveva creduto di poter realizzare. Ed era anche curioso di sentire la voce di quella donna, voce che aveva immaginato morbida e sensuale; voleva finalmente annusare quel corpo bene in carne, aspirare quel particolare odore di femmina che in fondo lo attirava forse quanto la ricca dote. Se non di più.

Ed ebbe modo di sentire la voce della donna, di aspirarne l'odore, di tentare qualche approccio anche se solo verbale, di sedurla con gli occhi e con parole che ebbero il potere di sconvolgerla, di svegliare in lei desideri sconosciuti, lei che nonostante i suoi ventotto anni era ingenua come una bambina, e come una bambina, fiduciosa, facile da circuire, da ingannare.

Ma forse non si aspettava altro. Forse pensava che la vita non fosse altro che un intricato ginepraio di inganni e di menzogne, dal quale è impossibile liberarsi o meglio districarsi, proprio per la complessa struttura della natura umana. Anche lei man mano si era convinta che tutte le vicende umane non possono avere una base di trasparenza e verità. All'origine di ogni rapporto fra uomini e donne sta sempre l'interesse personale di almeno uno dei contraenti, se non di tutti e due: questo l'insegnamento della *Cucchiara*, o meglio l'eredità che le trasmetteva ogni giorno, quando sole nella grande casa, sedute insieme, lei a ricamare il suo corredo, la vecchia silenziosa, sprofondata in ricordi assai lontani, vedeva scorrere, sempre uguali, i giorni e gli anni. A volte interrompeva il suo silenzio e raccontava alla figlia della sua gioventù, del suo ballerino, del marito carrettiere, avaro di parole e di sentimenti, della prima notte di nozze con don Ciccio che contava monete d'oro. Ma non dimenticava il suo amore per lei bambina e per Natale, amore che l'aveva ripagata di tutte le amarezze che la vita aveva riservato anche a lei.

Forse non aveva parlato proprio così, ma Agata aveva capito e raccolto nella propria memoria, per tutta la vita, le storie fantastiche, più affascinanti di qualsiasi romanzo, che la vecchia le raccontava in un suo modo tutto particolare, assai succinto, infarcendo il tutto con proverbi e modi di dire in gran parte dimenticati nel linguaggio del XX secolo. La *Cucchiara* era una fonte inesauribile di saggezza antica, di pensieri che riassumevano tutte le esperienze umane, dalle sue origini, senza alcun cambiamento o progresso: per lei il corso della vita era assai lento e le vicende che si susseguivano non erano altro che una ripetizione di ciò che era già accaduto. Si rifaceva, senza esserne cosciente, ai vecchi miti greci, ma anche a quelli preellenici, miti a loro volta nati dall'esperienza di milioni di esseri umani vissuti certo in altre condizioni sociali, ma con gli stessi istinti, le stesse necessità. Questa fu l'unica scuola frequentata da Agata, l'unica istruzione di vita che le insegnò più di qualsiasi ginnasio, di libri di scienza e altro.

Da tempo aveva capito che per uscire da quella specie di campana di vetro dove l'avevano relegata i fratelli, doveva correre il rischio di cadere nelle reti di un imbroglione, un imbroglione possibilmente affascinante, pieno di fantasia e di promesse campate in aria.

Di certo aveva intuito che anche lui era un disperato chiuso in una gabbia, una gabbia diversa dalla sua, dalla quale però lei avrebbe potuto liberarlo. Forse le raccontò della sua vita passata, prima e dopo la Libia, delle sue speranze o meglio sogni di un futuro migliore: pomeriggi in cui parlava, parlava e lei lo ascoltava sempre più conquistata, più convinta.

Questo accadde sempre in presenza della madre, che seduta da parte sembrava sonnecchiare per conto suo, mentre in realtà rifletteva sulla nuova moda di parlare. Lei aveva avuto tre mariti e un numero ormai dimenticato di amanti. Mai avevano avuto tanto da dirle. Ai suoi tempi gli uomini non usavano tante parole per conquistare le donne, e in generale si parlava assai poco. A che scopo, poi? Ci si intendeva anche senza parlare. Le parole servono solo per ingannarsi a vicenda, per nascondere più che chiarire, questa la sua convinzione.

Cosa che faceva quel giovane davanti ai suoi occhi, senza alcun ritegno o pudore.

La *Cucchiara* da tempo doveva aver superato i settant'anni, lei stessa non avrebbe saputo dire da quando, non conoscendo la sua data di nascita. Anche questo un fatto del tutto superfluo: il tempo, lo scorrere degli anni fissato in cifre, era secondo lei una pura invenzione degli uomini, una convenzione che tenta vanamente di misurare il moto perpetuo dell'universo usando come unico metro la vita umana, forse anche il moto dei pianeti e il susseguirsi delle stagioni; è un'illusione voler costringere la grandiosità dell'infinito entro limiti stabiliti soltanto dal continuo rinnovarsi e succedersi di vita e di morte, di estate e inverno; un abuso contro le leggi della natura che si rifiutano di riconoscere il tempo come un susseguirsi di anni e di secoli, senza inizio e senza fine: per lei il tempo era un'entità statica, inamovibile. La *Cucchiara*, come gli animali, aveva un senso arcaico, assai personale del tempo: solo presente senza futuro; per questo non temeva la morte, così come accettava il quotidiano in tutta la sua imponderabilità.

Il suo terzo matrimonio, i tanti figli trovati in casa, le incognite che quella unione aveva portato con sé, e anche il suo rapporto con don Ciccio, tutto era stato accettato come conseguenza di una decisione presa già in precedenza dall'Indefinibile, non identificato con Dio (la sua religiosità aveva origini assai antiche, di certo precristiane) che andava oltre la volontà del singolo. Tutto era predestinato, inutile tentare di opporsi. Il fiume deve correre verso la sua foce, impossibile fermarlo: un suo modo di dire che ripeteva a ogni occasione. Ecco perché era sempre calma, stoica, in una sorta di immobilità che la salvaguardava da ogni inutile agitazione, gioia o dolore che fosse; nessuno aveva mai visto una lacrima offuscare per un momento i suoi occhi stranamente chiari e poco espressivi, rivolti in dentro, sprofondati in un suo mondo che si estraniava sempre più da quanto la circondava. Mai un moto di impazienza o di sorpresa, niente che potesse scuotere quel carattere scolpito nella pietra. Il senso del fatalismo, così tipico nella gente siciliana, si manifestava in lei nella sua forma più estrema e tanto più conseguente perché nato da un'intima convinzione, strutturato nella sua stessa natura.

Di lei non fu mai possibile fare un ritratto, una fotografia; si rifiutò sempre con improvvisa durezza. La sua immagine riprodotta avrebbe potuto essere oggetto di chissà quali pratiche magiche, quasi si trattasse di una parte viva di sé, come i capelli che usava eliminare accuratamente dal pettine, e le unghie che raccoglieva ogni volta in un'apposita scatolina di legno.

Una frase che ripeteva spesso era: „adesso si usano questi nervi", a commento delle reazioni, secondo lei troppo emotive della figlia, sconosciute nel mondo dal quale proveniva lei. Le reazioni emotive come un prodotto della moda! A nessuno, e a una donna meno che mai, era permesso manifestare apertamente il proprio stato d'animo.

In ogni caso accettò anche questo giovane, che istintivamente valutò per poco raccomandabile, ma se questo era il destino di Agata, che si compisse, lei non avrebbe mosso un dito per evitarlo, benché, anche se tacitamente, non vedesse di buon occhio quella unione: lei, nonostante l'età avanzata, conosceva l'amore o almeno ne aveva ancora un certo ricordo, piuttosto lontano, è vero, ma infine sapeva a cosa si alludeva con questa parola. In quella relazione si parlava troppo d'amore, e lui era bravissimo a usare questa parola. Il giovane era indubbiamente in un'età in cui è facile accendersi, magari scambiando certe eccitazioni di natura erotica per amore vero. Ma l'esperienza le aveva insegnato che un innamoramento, per quanto assai vicino all'amore, mai può condurre a un legame per la vita. Si trattava solo di un fuoco di paglia (per lei l'attrazione amorosa, naturale fra due giovani seduti su un divano, a contatto di gomito, non poteva essere altro che un fuoco di paglia), una confusione dei sensi che può sfociare in un matrimonio, ma con grossi rischi. Per una cosa così seria sono necessari ben altri ingredienti! Se poi interviene anche l'eros, tanto meglio.

Assisteva a quegli incontri quotidiani e sentiva una forte carica erotica da parte del giovane, e un cedimento quasi visibile nella figlia che sembrava essere stregata, senza neanche l'aiuto di un filtro magico. Osservava soltanto, preoccupata: vedeva come il fiume seguiva il suo corso, già segnato da secoli, ormai in procinto di precipitare in mare. La natura stessa lo chiedeva, urlava a gran voce i suoi diritti. Quindi impossibile intervenire, frenare quel flusso irrompente, l'istinto vitale che sapeva travolgere montagne, provocare frane, superare ogni ostacolo per arrivare al suo scopo finale: la continuazione della specie. E la figlia era sul punto di superare l'età feconda. Non fece domande dirette, lei era una donna molto discreta, conosciuta per l'estrema riservatezza. „*È bona donna, donna chi nun parra*[27]." Ma se parlava poco, sapeva osservare e trarre le sue conclusioni. Pronunciava le sue sentenze, i suoi proverbi come una Pizia dimenticata dal tempo, e come una profetessa non partecipava dei travagli che coinvolgono gli esseri umani. Lei si limitava a buttare lì qualche breve, brevissimo commento, imperturbabile e apparentemente assente. E non ci fu una sola volta che sgarrasse, nei suoi giudizi. Ogni sentenza, una pietra miliare. Tutto si ripete, questa la sua opinione, irrimediabilmente; le pulsioni dell'istinto sono sempre le stesse, da che mondo è mondo; su ogni vicenda umana è già stato detto tutto, basta soltanto saper leggere negli occhi della gente, sentire l'intima voce che parla un suo linguaggio segreto, in ogni essere vivente. E per questo non serve andare a scuola.

Quanto poi alla questione del denaro aveva le idee molto chiare, non importava chi dei due avesse qualcosa da dividere, purché ci fosse qualcosa da dividere.

Agata, detta la *Cucchiaredda*, non aveva pensato di sposarsi a quelle condizioni. Ma non aveva scelta. In fondo nella sua vita non aveva mai avuto scelte, un destino riservato a molte, o forse a tutte le donne della sua generazione; le decisioni venivano dall'alto, e in alto, nel caso suo, c'erano sempre

[27]È buona la donna che non parla

stati i fratelli; lei non doveva fare altro che eseguire i loro ordini. Il padre, ancora in vita, passò ai figli maschi il compito di badare a quell'unica figlia femmina, affinché non si ripetesse il fatale destino dell'amata Antonietta, e loro eseguirono alla lettera quell'incarico senza perderla di vista neanche un momento, dandosi il cambio e sorvegliando ogni suo passo. Inoltre nel suo testamento, in cui faceva della figlia una ricca ereditiera, con una serie di clausole aveva bloccato una grossa somma di denaro in banca, impedendo a chiunque di riscuoterlo fino a che non si fosse sposata. Per tutti gli anni del suo zitellaggio, i fratelli avevano l'obbligo di amministrare l'ingente patrimonio, rendendone conto, annualmente, a un notaio di fiducia, indicato nel testamento. Non a lei. Facile capire quanto interesse potessero avere in un eventuale matrimonio.

Quel testamento in realtà seguiva un'antica tradizione che condannava le figlie femmine a restare per il resto dei loro giorni incatenate alla famiglia di origine, se necessario rinchiudendole in convento anche contro la loro volontà, per impedire che il patrimonio familiare venisse diviso. Nel caso dei fratelli P. era importante che restasse fermo in banca, a garanzia e sicurezza dei loro affari, essendo come il padre esportatori di agrumi. Quasi non bastasse, per scoraggiare ogni eventuale pretendente, i fratelli non esitarono a propagare la voce di una presunta illibatezza della sorella, incuranti del tanto decantato onore della famiglia.

Quel denaro, tutta l'eredità non le portò fortuna, e la ragazza lo capì subito, quando qualche giorno dopo la morte del padre, con una scusa assolutamente vergognosa, i fratelli si sbarazzarono di Alfio, il suo fidanzato. L'accusa infamante fu di aver sedotto la sorella approfittando della sua ingenuità e della loro fiducia, rubando a lei la tanto preziosa verginità e alla famiglia l'onore. Una scenata tremenda, anche perché Alfio capì di cosa si trattava e reagì con estrema violenza. Per poco non scorreva del sangue. Soltanto l'intervento della matrigna, con l'energia che le era propria, riuscì ad evitare il peggio. Inutile aggiungere quanto questo scandalo avesse danneggiato la reputazione di Agata, ormai sulla bocca di tutti. Da quel momento le fu chiaro che mai più avrebbe trovato un uomo disposto a chiudere un occhio su un fatto così importante.

Giusto quello che volevano i fratelli.

Quello era un mondo profondamente arcaico, fermo al tempo degli arabi e non, come comunemente si dice, all'epoca spagnola. La clausura imposta alle donne, la sottomissione e la passività che ne è poi la conseguenza, hanno origini molto più lontane, al di là di ogni civiltà storicamente documentata. L'onore della famiglia, di una stirpe, se così si può dire, era strettamente legato a un piccolo organo femminile, custodito come un inestimabile tesoro; se si voleva offendere o meglio ferire un uomo nella parte più sensibile di se stesso bastava nominare la madre e la sorella, possibili portatrici di ogni vergogna; solo il sangue del seduttore, ma spesso anche quello della donna, poteva lavare una tale offesa. Dall'intangibilità di questo piccolo organo dipendeva la fortuna o la sfortuna di un uomo, la possibilità o meno di andare a testa alta davanti alla società cosiddetta civile, e in generale, il suo prestigio di maschio onorato e la rispettabilità di tutta la famiglia.

Potenza di un piccolo organo femminile!

Agata, dopo dieci anni di attesa, di solitudine, di dipendenza assoluta dai fratelli, sempre chiusa in casa insieme alla matrigna, alla proposta della sua pettinatrice di un giovane pretendente che avrebbe voluto vederla e a sua volta farsi conoscere, reagì subito positivamente. Finalmente accadeva qualcosa. Una situazione grottesca, se ne rendeva conto, quasi da commedia operistica. La sua vita si svolgeva esclusivamente fra le quattro pareti della sua casa, con qualche rara passeggiata in carrozzino in compagnia dei fratelli, che la facevano sedere in mezzo così che nessuno potesse vederla; solo una corsa sulla Via Etnea fino a Villa Bellini e ritorno, giusto per farle prendere una boccata d'aria. Le poche volte in cui le era permesso di uscire per fare qualche piccola spesa, sempre in compagnia della matrigna, quest'ultima aveva preso l'abitudine di unire le loro gonne per mezzo di un grosso fermaglio di sicurezza, per essere sicura che non accadesse niente, diceva, cioè che nessuno la rapisse in mezzo alla strada. Il tutto nel XX secolo.

Le visite del giovanotto furono presto motivo di forti contrasti con i fratelli, che, pur non osando protestare apertamente contro la matrigna, per un residuo di rispetto ancora presente, trovarono la storia a dir poco sconveniente, se non disonorevole. Il giovanotto dichiarò subito di essere pronto a sposare la ragazza, ma la risposta fu più che evasiva: prima dovevano prendere informazioni e poi si sarebbe veduto. Ma il tono offese il giovane; la loro arroganza, il disprezzo, il modo di trattarlo da pivellino (e lo era rispetto a loro, tutti molto più anziani di lui) suscitò un risentimento che non diminuì mai nel corso degli anni futuri.

Subito i due capi, Santu e Puddu, decisero di allontanare la sorella dalla casa paterna, dato che la *Cucchiara* non era in grado di badare alla rispettabilità della famiglia; Puddu, un uomo serio, rigido, incapace della minima emozionalità, sposato da anni e senza figli, dichiarò di essere pronto ad ospitarla. Il tutto senza interpellare o almeno informare la moglie Santina, vera proprietaria della casa, grandissima, che aveva portato in dote. Santu continuava a correre la cavallina e dei due era la persona meno affidabile, essendo spesso in viaggio per affari. Natale, sposato anche lui, fu subito scartato per la sua innata debolezza di carattere. La *Cucchiara* restò sola nella casa di via Gisira insieme al quarto figliastro Vincenzo, un uomo tetro, taciturno, – cosa che del resto non la disturbava affatto – abituato a obbedire ai due fratelli maggiori come un cane ammaestrato. Lui, secondo la definizione di Agata, pur appartenendo a una categoria di infimo ordine, aveva tuttavia il diritto di esistere in quella famiglia soltanto perché portava i pantaloni.

Santina, in continua guerra col marito e con i parenti di lui, non l'accolse affatto bene; fin dal primo momento, cioè fin dal tempo del suo fidanzamento con Puddu, aveva trattato la futura cognata con estremo sussiego, anzi decisamente dall'alto in basso.

«Ignorante!», le buttava in faccia in lingua italiana. Lei non parlava mai in dialetto, troppo volgare, buono soltanto per il personale di servizio. «non sai stare in società, non sai comportarti da persona civile... gente di via Gisira tu e i tuoi fratelli...» E non mancava mai, a ogni pasto che consumavano insieme, di rinfacciarle con particolare disgusto il piacere di mangiare che Agata dimostrava, un istinto assai primitivo, secondo lei, di gente che aveva bisogno di buttarsi avidamente sul cibo perché da generazioni non aveva conosciuto altro che la fame, quella vera. La classe sociale cui era convinta di appartenere non aveva di queste necessità, tant'è vero che era secca come una canna e del pollo mangiava solo le ali.

Abitare nella sua casa fu quello che Agata più tardi definì „i tre mesi d'inferno", che avevano preceduto il suo matrimonio.

Come non bastasse, al disprezzo dei fratelli nei confronti del fidanzato la cognata aggiunse qualcosa di suo. Frustrata da anni di attesa di quei figli tanto desiderati e mai venuti, avvilita da un marito che le rinfacciava la sua incapacità di mettere al mondo almeno un erede, riversava sulla giovane donna tutta l'acredine accumulata nel corso degli anni. Inoltre non si stancava di sottolineare la sua appartenenza a una classe sociale ben più elevata di quella del marito, e di essersi abbassata per volontà del padre apparentandosi con una famiglia di bottegai, come definiva la famiglia del marito, che aveva sì magazzini e depositi per la frutta ma non vendeva al dettaglio. Con questa offesa voleva però ricordare un episodio di anni prima, quando durante la Grande Guerra i fratelli erano stati richiamati alle armi, e l'attività commerciale di esportazione di agrumi in Germania e Inghilterra aveva subito un periodo di stasi per chiari motivi bellici. Si sperava che la guerra finisse al più presto, ma dopo qualche anno la *Cucchiara*, che non vedeva più nessun movimento di affari e quindi nessuna entrata, decise di mettere su una friggitoria. Don Ciccio, nonostante considerasse questa attività disonorevole per il suo prestigio di commerciante all'ingrosso, acconsentì, attribuendo questo nuovo degrado della condizione sociale dei siciliani come un'ennesima conseguenza dell'Unità d'Italia: infatti non era affatto chiaro contro chi si combattesse e perché; chi diceva gli austriaci, chi i tedeschi, chi gli inglesi, tutte nazioni con le quali fino a qualche tempo prima avevano commerciato in pace e amicizia. Nessuno riusciva a spiegare cosa fosse accaduto, come mai da un momento all'altro fossero diventati nemici da combattere e magari farsi uccidere.

Agata fu messa al banco di vendita sotto il controllo continuo dei due vecchi. Al ritorno dalla guerra i fratelli subito chiusero quell'esercizio accusando la vecchia *putiara* di aver voluto disonorare la loro famiglia.

La nuova borghesia siciliana cercava il suo posto in una società fino ad allora divisa rigidamente in due classi ben distinte: alta e nobiliare, bassa e senza alcuna possibilità di ascesa sociale. Il padre di Santina, arricchitosi a spese del padrone, ne era un esempio. Da bracciante era riuscito a soppiantare il padrone in veste di mezzadro scaltro e senza scrupoli. Aveva comprato poderi su poderi e palazzi in città costituendo un patrimonio assai considerevole e una dote cospicua per le tre figlie, che ciò nonostante avevano trovato marito con molte difficoltà. La maggiore, Pietrina, ancora zitella, abitava insieme alla madre vedova al primo piano del palazzo, e continuava a dettar legge anche ai piani superiori, e cioè al secondo, occupato appunto da Santina e Puddu, e al terzo, dove Maria e Natale, i più giovani della famiglia, aspettavano ancora speranzosi quella prole che sembrava essere negata a tutte e tre le sorelle. Tre donne invelenite, che intrigavano contro la cognata, prosperosa e a loro dire troppo sensuale, ma soprattutto contro quel matrimonio che consideravano sconveniente per la loro famiglia, date le origini più che discutibili del promesso sposo.

Ma altre erano le origini di quella guerra giornaliera, motivi inconfessabili e forse neanche del tutto coscienti: quel giovanotto, ogni volta che entrava in casa, fra le sei e le sette del pomeriggio, non tralasciava mai di lanciare uno sguardo assassino in direzione della padrona, sua futura cognata. Un suo modo particolare di guardare le donne, imparato forse in Libia o magari congenito, che in ogni caso conservò per il resto della sua vita. Santina se ne sentiva trapassare da parte a parte; mai nessun uomo l'aveva guardata in quel modo e meno di tutti Puddu, che fin da quando l'aveva conosciuta sembrava non essersi neanche accorto di lei. Un armadio o meglio un albero di arance suscitavano in lui maggiore interesse di una donna. Questa la sua convinzione.

Nel fidanzato della cognata c'era un che di indefinibile. Da tutta la sua persona sortiva una corrente elettrica, un accumulo di tensioni di natura a lei sconosciuta, che avevano il potere di scuoterla in ogni fibra, lei, spenta a ogni stimolo di carattere sessuale, forse in seguito a una educazione severa e monacale, ma molto più probabilmente perché frustrata da un marito inesperto e brutale. Quel giovane la sconvolgeva al punto da provocarle, ogni notte, sogni erotici come non aveva mai avuto durante tutta la sua vita. E così, pur lottando con se stessa, posseduta da una smania che non non riusciva a dominare, ogni pomeriggio, qualche minuto prima delle sei, trovava sempre qualcosa da fare proprio nel corridoio che portava nella sala, o nella sala stessa. E mentre cambiava un centrino ricamato, o spostava una poltrona, una sedia, un tavolino, tutta tesa in uno spasimo insopportabile, aspettava lo squillo del campanello. Sentiva allora come la cognata, ben pettinata e profumata, correva ad aprire la porta, mentre a lei il rossore montava sulla faccia e le gambe quasi cedevano per il languore e la debolezza. Dopo qualche secondo si scontrava con quegli occhi che la frugavano, la denudavano, la svergognavano non senza una buona dose di ironia. Lui sembrava aver capito tutto e si divertiva a sue spese. Senza un saluto Santina allora scappava in un'altra stanza, per nascondere il proprio turbamento, la propria irritazione. E anche per calmarsi.

Uscito lui, dopo le sette, si sfogava con la cognata, facendole ogni volta una scenata, a denti stretti, con voce sorda, soffocata dall'agitazione:

«Una vergogna. Un uomo simile... volgare... gentaglia... e tu peggio di lui... una gatta in calore, ecco cosa sei.» E non trovando argomenti, altre armi per ferire, andava via sbattendo la porta, non sopportando oltre lo sguardo perso della cognata che non reagiva alle sue provocazioni.

Agata, sempre più smarrita, sembrava preda di una sorta di incantamento; anche il suo corpo si svegliava in modo tumultuoso, irrefrenabile alle sollecitazioni di quel giovane che sembrava aver trovato il filo che l'avrebbe legata per tutta la vita a lui, nel bene e nel male, quel filo che la *Cucchiara* aveva conosciuto solo per breve tempo col suo ballerino. Qualcosa che a tredici anni si poteva ancora chiamare amore, mentre in Agata si aggiungeva una componente molto più esplosiva, più primordiale, più legata all'animalità degli esseri umani. La vicinanza quotidiana di quel fuoco rovente aveva bruciato la giovane donna che era decisa a non rinunciare a lui, anche a prezzo della vita stessa, come certe creature che dopo l'accoppiamento muoiono, avendo raggiunto il compimento o meglio lo scopo della loro esistenza sulla terra. E Agata lo raggiunse ben sette volte, questo compimento: al contrario della cognata Santina e delle sue sorelle ebbe infatti una nidiata di bambini, che non conobbero mai la sua famiglia d'origine, per espresso divieto di Nino.

Ma il peggio doveva ancora venire: i fratelli infatti trovarono che quel bellimbusto aveva sì un negozio di mobili, ma era indebitato fino ai capelli; una quantità di creditori li avevano subito presi d'assalto: erano dunque loro i babbei che avrebbero pagato con la dote della sorella i debiti del futuro cognato! Senza contare la famiglia. Andati al negozio, senza farsi conoscere, la madre del giovanotto aveva offerto loro ogni mobile, ogni oggetto a metà prezzo pur di intascare i soldi personalmente, senza renderne conto al figlio. Così, approfittando di una clausola del testamento paterno secondo la quale i fratelli avrebbero dovuto dare il loro consenso a un eventuale matrimonio della sorella, di comune accordo misero un veto per motivi morali, dissero. Scoppiò la guerra, come era da prevedere. La giovane donna puntò i piedi pronta a lottare contro tutti, anche a costo di rinunciare alla propria famiglia di origine.

«Se sei pronta a rinunciare a noi, che siamo i tuoi fratelli, il tuo stesso sangue, tanto più ti sarà facile rinunciare anche alla *Cucchiara*, che in fondo non ha nessun legame di parentela con te.» E le proibirono di incontrare la *Cucchiara*, neanche in presenza di uno di loro. Questa dichiarazione di Santu fu quello che la ferì di più. Tutti sapevano del suo attaccamento alla matrigna. Lei l'aveva amata e accettata fin dal primo momento come una vera madre, al contrario dei fratelli più grandi, che avevano imparato a rispettarla solo per obbedire alla volontà del padre. Con questa nuova minaccia avevano pensato di colpirla sull'unico punto debole che ancora non avevano toccato. Già in precedenza gliene avevano però dato un assaggio. Infatti dal momento in cui era stata costretta a trasferirsi in casa della cognata non le fu più permesso di recarsi nella Via Gisira, se non in compagnia di Vincenzo.

Quali sentimenti l'avevano guidata in quella fase della sua vita, amore o ripicca? Certo quel giovane aveva saputo svegliare in lei desideri sopiti: nostalgia di una vita normale, di una propria famiglia ma anche di affetti veri, di una casa, bambini. In lui credeva ciecamente; sentiva in lui il desiderio di chi vede una sponda cui approdare per uscire finalmente dalla miseria quotidiana, dall'aridità affettiva in cui era stato costretto a vivere fino a quel momento, sempre confrontato con la durezza, l'intransigenza della madre. E la cosa che più la impressionava era la sua pietà, forse veramente sentita, verso di lei, giovane donna sola, in balia di una famiglia di affaristi senza scrupoli, impegnati solo a salvaguardare i loro interessi personali.

In fondo si trattava dell'unione di due disperati, ognuno per un motivo diverso, ma simile nel desiderio di cambiamento.

Lui era un bugiardo di professione, un esperto di menzogne, capace di inventarsi le cose più stravaganti come fossero reali; un sognatore ma anche un entusiasta della vita; un fascinatore con una grandissima carica erotica e un desiderio inestinguibile di potere e di lusso. Di ricchezza, sì, ma anche di sapere, di conoscenza. Un uomo di grande intelligenza che sapeva guardare solo davanti a sé e mai indietro. Un uomo generoso, capace di grandi gesti. Per molti anni la rispettò, se non proprio l'amò. Ebbe sempre tutti i riguardi per lei, anche se non perse occasione per tradirla, ingannarla e riconquistarla con una nuova bugia. In un ennesimo atto di pietà verso tanta credulità e debolezza.

Dopo anni di sottomissione completa, di passività anche e di accettazione della volontà altrui, questa impennata sorprese anche lei. Agata sapeva in ogni caso di andare incontro a un'avventura, sapeva di giocare il tutto per tutto: Nino doveva averle raccontato, anche se solo parzialmente, delle miserabili condizioni finanziarie in cui versava. Il suo calcolo cosciente fu che in casa doveva sottomettersi a quattro fratelli e una volta sposata avrebbe avuto a che fare con un solo uomo! Aveva naturalmente sottovalutato la suocera imperante e nemica, oltre ai futuri cognati che, benché ancora assai giovani, l'avevano subito trattata con ostilità, in questo incoraggiati dalla madre, negandole fino all'ultimo ogni senso di appartenenza alla loro famiglia. Ma tutto questo avvenne solo dopo la celebrazione delle nozze. Infatti durante tutto il periodo del fidanzamento Santina si rifiutò di ricevere anche un solo membro della famiglia del futuro sposo, per cui non conobbe nessuno, neanche la futura suocera, che del resto fino all'ultimo momento sperò che la grazia divina impedisse quel matrimonio. Non fidandosi troppo della grazia divina però dichiarò subito guerra sia al figlio che alla promessa sposa. Condizione che mantenne senza pausa per tutta la vita.

Per lei infatti oltre alla differenza di età si aggiungeva un problema morale di non trascurabile importanza: una donna non arriva a trent'anni senza aver conosciuto altri uomini, e sapeva di un lungo fidanzamento con un fabbricante di sapone (si era infatti informata e i vicini di casa non avevano saputo mantenere quel segreto che del resto risaliva a qualcosa come dieci anni prima). Quanto innocente era stata quella relazione? A sentire certe malelingue, il fidanzato era stato cacciato di casa per motivi d'onore, e chiunque immaginava di quale onore si trattasse, benché non ci fossero prove. E suo figlio ora si accontentava dei resti, degli scarti, di una donna di seconda mano, vociferava nel suo vicolo, usata, e sarebbe meglio dire compromessa già da un altro uomo: un vestito smesso, buttato via, ecco cos'è una donna con un passato disonorevole e lui, quel figlio snaturato, era pronto a prenderla, quasi non avesse avuto altra scelta.

E non sapeva che era già un miracolo se lui stesso poteva entrare in quella casa, un'ora al giorno, orologio alla mano, dalle sei alle sette del pomeriggio, sotto il vigile controllo di Vincenzo, incaricato di salvaguardare l'onore della famiglia.

«Non parlate così piano che non vi sento. E non sedetevi così stretti, è una vergogna. Non vi toccate... Spostatevi... allargate, allargate!»

Lui prendeva alla lettera il suo compito di guardiano dell'onore della famiglia.

Avvalendosi della maggiore età e della legge che le permetteva di scegliere il marito che voleva, fissò la data di nozze, col pieno accordo del fidanzato, che non vedeva l'ora di concludere quell'affare, sia per non dover più sopportare il confronto giornaliero con quella famiglia che, sapeva, aveva ormai scoperto tutti i suoi altarini; sia per liberarsi dei creditori che lo aspettavano ogni mattina davanti alla porta del negozio; ma anche per non sentire le continue lamentele, i rimproveri, le rimostranze della madre.

Quando finalmente, superato il cosiddetto periodo di prova, si stabilì la data della cerimonia, furono necessari i documenti e fra gli altri anche il certificato di nascita. Con grande sorpresa Agata scoprì che al posto del nome della madre risultava un incomprensibile NN. A Santu, il capo famiglia, benché fosse soltanto il secondogenito, chiese spiegazioni. La sua risposta la lasciò senza fiato.

«Non lo sapevi che i nostri genitori vivevano 'more uxorio'?»

«E che vuol dire 'more uxorio'? Di che stai parlando? NN, se non sbaglio, significa che sono di madre sconosciuta! E te anche... e tutti noi.» E Santu, con quel suo sguardo carico di superiorità, quel sarcasmo che usava soprattutto quando parlava con lei:

«More uxorio vuol dire che vivevano insieme senza aver contratto matrimonio. Erano amanti, per parlare nella tua lingua.» Il tono di voce canzonatorio, lo sguardo sprezzante quasi si rivolgesse a una deficiente, tutto quel suo modo di fare che la relegava senza nessuna speranza di redenzione nella 'non categoria' delle femmine, avevano ogni volta il potere di suscitare in lei istinti omicidi. L'aveva sempre temuto, fin da bambina. Da grande poi imparò a odiarlo.

«I nostri genitori erano amanti? Come ti permetti di infangare la loro memoria... e perché, secondo te, non si sono sposati?»

«Semplicemente perché nostra madre era già sposata e suo marito non si decideva a morire, come invece ebbe l'accortezza di fare la sorella maggiore, nostra zia... forse per non vedere quello che era costretta a vedere ogni giorno, in casa propria. Per disperazione o forse di parto, come si disse.»

«Nostra madre era già sposata! e... aveva figli?»

«Per quanto io ne sappia, non ha fatto in tempo ad averne, perché pare che nostro padre già prima di sposare la sorella maggiore avesse messo gli occhi su di lei, ancora molto giovane e promessa altrove. Io suppongo che abbia sposato la maggiore per stare più vicino alla minore.»

Così, anni dopo la sua morte, venne fuori che il padre, dietro quella maschera di freddezza e scontrosità nascondeva un uomo appassionato, capace di grandi amori.

E la madre non aveva temuto la riprovazione della gente, i commenti che sicuramente non erano mancati, unendosi al cognato, appunto 'more uxorio', senza sposarsi ufficialmente. Una storia che la sconvolse, che capovolse tutti i suoi principi morali. Non soltanto. Di colpo ebbe l'impressione di aver vissuto in una famiglia di gente sconosciuta; una famiglia dove certe parole, per una sorta di ritegno, non venivano pronunciate; dove ogni manifestazione di affetto era considerata un atto di debolezza e dove persino l'amore veniva deriso come roba da romanzi francesi, o peggio ancora, da femminucce.

E la *Cucchiara*, lei sapeva questa storia? Già si conosceva la sua reazione, uno o due proverbi sparati con la solita sicurezza. „*Donna e cavaddi, pigghiali di li vicini*[28]" oppure „*Cu' ama donna maritata, la so vita è 'mpristata*[29]" e così via.

Il 10 di ottobre 1925, nel salotto di Puddu fu celebrato il matrimonio alla presenza di quattro testimoni, un ufficiale di stato civile e un prete. I fratelli, la cognata e il resto della famiglia restarono nella stanza accanto per manifestare anche ufficialmente il loro dissenso.

La cerimonia fu preceduta da una violenta scenata, l'ultima, causata dalle accuse di Puddu, appoggiato come sempre da Santu, che di ritorno da un lungo viaggio all'estero aveva sperato di trovare la storia di quel matrimonio ormai risolta.

«Ti sei lasciata abbindolare da questo avventuriero... Lui e la sua famiglia aspettano solo questa bella oca da spennare per sfamarsi finalmente di una fame antica. Cieca e stupida. Non sai cosa ti aspetta. Gli hai chiesto se ha i soldi per pagare l'albergo, questa sera? E non lo dimenticare, da noi non avrai mai niente. Nostro padre ha stabilito così.»

Subito dopo la cerimonia si tolse in gran fretta l'abito da sposa e indossò un completo da viaggio. Sempre in lacrime, uscì da quella casa scendendo le scale a precipizio, giurando di non metterci più piede se non per vederli morti, uno dopo l'altro: cosa che puntualmente accadde. Risalì infatti quelle scale solo circa trent'anni dopo, per vedere prima Puddu, poi Santu già cadaveri, distesi nel loro letto di morte. Era stata chiamata da Natale, malato anche lui di diabete, e dall'altro fratello, Vincenzo, del tutto rimbecillito. Il suo solo

[28]Donne e cavalli pigliali dai vicini.
[29]Chi ama donna maritata, la sua vita è prestata.

pensiero fu: „Ecco come vi siete ridotti. E io che vi ho temuto tanto, che ho tremato al solo vedervi."

Le cognate, anche in questa occasione, non mancarono di accoglierla con la consueta freddezza; nonostante la primavera incipiente e giustificandosi di dover trascorrere la notte seduta per la veglia mortuaria, arrivò in pelliccia e gioielli, come ultima vendetta nei confronti dei defunti e delle tre sorelle.

Già in treno, in un vagone di terza classe, Agata cominciò a presentire un futuro che si annunciava assai fosco. A Taormina, dove avevano stabilito di trascorrere tre giorni, si fermarono in una modestissima pensione, una stanzetta scura, con una finestrella che dava in un cortile puzzolente. E come aveva previsto Santu, il novello sposo le raccontò di aver venduto i mobili di una stanza da letto ma di non aver potuto riscuotere il denaro, dato che i creditori lo avevano preceduto: infine non aveva neanche i soldi per pagare il biglietto di ritorno.

Cominciò così la lunga Via Crucis. Quella notte stessa, la prima notte trascorsa con lui, fu assalita da una violentissima colica, la prima di tante, lei che fino a quel momento era stata sana, fiorente, piena di vita; che aveva resistito perfino alla Spagnola, quando tutti in famiglia giacevano a letto, malati. Alle coliche, in seguito, si alternarono attacchi isterici, che la paralizzavano per qualche tempo. Nel corso degli anni poi una malattia seguì l'altra.

L'indomani mattina, ancora sconvolta dai dolori della notte precedente, mandò il giovane marito in farmacia e poi, un anello con brillanti alla mano, da un gioielliere, per procurarsi i soldi necessari per pagare la stanza e il biglietto del treno. Lei stessa non disponeva di contanti.

Rientrarono dopo che si fu ripresa e anche qui, la casa che le aveva descritto lui durante i suoi infiammati discorsi pomeridiani, si rivelò essere il retrobottega del suo negozio.

Ma non era ancora finita. Dopo pochissimo tempo arrivò l'ufficiale giudiziario per mettere i sigilli su tutto, anche sui mobili con i quali era stata ammobiliata la loro stanza da letto. Soltanto la sua biancheria e i gioielli furono risparmiati, perché dotali; i suoi gioielli, che poi erano quelli della *Cucchiara* ricevuti da lei prima che andasse via di casa, come riserva, le aveva detto, in caso di necessità, presero, uno dopo l'altro, una via senza ritorno, mentre alla biancheria provvedeva la suocera, che si faceva vedere soltanto per farle una scenata, accusandola di essere la rovina di suo figlio. Ogni volta andava via con un pezzo del suo prezioso corredo che correva a vendere per sfamare i suoi figli.

Si ridussero in un basso, una stanza a pianterreno senza finestra, in un quartiere popolare.

La *Cucchiara* finalmente riuscì a scoprire l'indirizzo della figlia e per mezzo di una persona di fiducia le fece pervenire un pacchetto con qualche chilo di spaghetti, per non svegliare i sospetti di Vincenzo, che la controllava. Lei faceva sempre la carità ai bisognosi e nessuno glielo avrebbe potuto impedire: fra gli spaghetti avvolse alcuni biglietti di banca. Sapeva delle condizioni in cui versava la figlia e a intervalli regolari le inviò i suoi pacchetti di pasta uniti a piccole somme di denaro, per evitare che il marito o la suocera se ne impadronissero.

L'esser stata separata dall'unica persona alla quale teneva, l'impossibilità di soccorrerla, infine la solitudine e l'inutilità della propria vita la convinsero che ormai il fiume era arrivato alla sua foce. Inoltre capì che con la sua morte avrebbe potuto rendere l'ultimo servizio alla figlia: volle fare testamento, in presenza del notaio. Alla figlia lasciò una grande casa per abitarci, più quattro palazzetti, per un totale di una decina di appartamenti. Volle che il notaio scrivesse che nessuno, senza il suo consenso, avrebbe potuto vendere quelle proprietà e che lei sola aveva diritto all'usufrutto.

Dopo di che si mise a letto e si lasciò morire.

Agata venne a conoscenza della sua morte soltanto attraverso la lettera del notaio: i fratelli non avevano considerato opportuno informarla della scomparsa della madre.

Intanto il novello sposo si rivolse a un avvocato per intentare causa contro i cognati, e venire finalmente in possesso della dote della moglie: un processo che durò anni, come tutti i processi di questo genere.

Quando finalmente riuscirono ad entrare nella grande casa che la *Cucchiara* aveva destinato come loro abitazione, scoprirono che al piano di sopra, e il palazzetto aveva due soli piani, abitava già il fratello Santu con la sua giovane moglie, una nobildonna di provincia. Ma per lui fu solo un pied-à-terre: in tutti gli anni in cui restò in quella casa, e non furono tanti, fratello e sorella si incontrarono sulle scale forse un paio di volte. I due cognati non si salutarono mai, ignorando l'uno la presenza dell'altro. La giovane sposa di Santu, la Baronessa, non ebbe nessun contatto con la cognata, in questo forse impedita dal marito. Anche lei, in fondo, abitò pochissimo in quella casa e le altre donne che seguirono, le tante amanti di Santu, ebbero anche loro rapporti assai sporadici con gli abitanti del primo piano.

Il conto della *Cucchiara*, di mettere sotto lo stesso tetto due partiti avversi, nel tentativo di conciliarli, non tornò.

L'odio restò anche oltre la sua morte.

Tre ragazze da marito

Don Gaetano Scalìa, ogni volta che volgeva uno sguardo all'indietro, non poteva fare altro che congratularsi con se stesso. Venuto praticamente dal nulla, era riuscito a mettere su un patrimonio considerevole fra terreni, case e un sostanzioso conto in banca. Sarebbe stato più che soddisfatto della propria vita se non ci fosse stato di mezzo un problema di difficile soluzione: a cinquantacinque anni si ritrovava con tre figlie femmine tutte e tre da sposare, senza l'ombra di un pretendente in vista.

Peggio di tre cambiali da pagare.

E doveva anche ammettere che non si trattava di tre bellezze. Anzi a lui come uomo non ne piaceva neanche una. Come padre era un'altra cosa, ma in fondo anche un padre ha due occhi in testa.

Senza contare un problema fondamentale: il carattere.

La madre, una buona donna, non c'era niente da dire, non era stata capace di educarle secondo la vecchia scuola, cioè al rispetto di certe regole antiche che prevedevano come dote principale di una donna: sottomissione, modestia, se non proprio umiltà e soprattutto arrendevolezza. La donna trovava una giustificazione alla propria esistenza soltanto a patto che servisse al resto dell'umanità, in particolare a un unico uomo. Inoltre doveva mettere al mondo una mezza dozzina di figli, possibilmente maschi, e starsene al posto suo. Così volevano antichissime tradizioni, del resto consacrate anche dalla Chiesa. E cosa ne era venuto fuori? Tre ragazze schifiltose, manierate, con la puzzetta sotto il naso, che dimenticavano spesso e volentieri le loro origini, o meglio le origini del padre; ricco sì, ma non un barone. Si davano infatti certe arie quasi fossero signorine dell'alta società, con tutte le conseguenze di carattere finanziario che ne derivavano.

C'era di che rodersi il fegato.

Per esempio da poco era arrivato in città un sarto francese, così almeno affermava lui, che buttava qua e là qualche parola straniera in mezzo al discorso. Per via di quelle quattro parole che nessuno capiva i suoi conti erano salatissimi. Più del doppio dei prezzi normali. Don Gaetano Scalìa non era certo uomo di mondo, ma infine non era certo la prima volta che vedeva un vestito femminile e in quegli straccetti non trovava niente di straordinario, niente che li differenziasse da quelli confezionati dalla sarta che da anni serviva le sue donne, a parte qualche perlina che gli costava un occhio della testa, qualche frangia, un ricamo un po' stravagante. E doveva pagare ogni perlina, ogni ricamo, ogni più piccolo extra, che veniva accuratamente elencato sul conto finale.

Con la stessa somma avrebbe potuto pagare la settimana di almeno due o tre braccianti.

La madre diceva, per scusare le figliole, che le loro amiche avevano fatto cucire tutto il loro guardaroba da Monsù René, mentre le sue ragazze, con molta modestia e per rispetto a lui, si erano accontentate di un solo vestito da passeggio. D'altra parte alla loro età bisognava assolutamente portarle in via Etnea, per ovvi motivi. Non si poteva certo tenerle chiuse in casa.

Don Gaetano ogni volta si metteva a fare i conti, somma sopra somma. Quanto gli costavano le passeggiate delle figliole? Il cavallo e lo stalliere (la stalla era in casa, quella non costava niente), e poi il carrozzino, anche quello una volta comprato si ammortizzava da solo, e a pensarci bene il cavallo non restava quasi mai in stalla, dato che era il suo mezzo di trasporto preferito. A tutto questo si aggiungeva però una volta una cosa, una volta un'altra. E ora c'era in ballo il sarto francese. A parte i soldi, che erano già un fastidio non trascurabile, fin dal primo momento, e cioè da quando aveva dovuto sborsare il denaro liquido per pagare il primo conto, aveva provato un'accentuata antipatia per quel tipo. Quel suo modo confidenziale di aggirarsi attorno alle sue donne, quel suo palpeggiarle, tirarle da una parte e poi dall'altra. E meno male che la madre era sempre presente. Un tipo effeminato, profumato, lisciato. A lui gli uomini così facevano schifo. Non aveva detto niente per evitare discussioni con le ragazze, ma due parole alla moglie aveva dovuto dirgliele.

Finita la storia del sarto francese erano già in vista altri progetti: un *cabriolè*, una macchina scoperta di gran lusso. Sembrava non avessero altro in testa che buttare soldi dalla finestra. Era andato in escandescenze, aveva puntato i piedi e non c'era stato modo di smuoverlo. Niente automobile, che se lo levassero dalla testa, quelle erano diavolerie per perdigiorno, non per gente onesta come lui. Senza contare che avrebbe dovuto prendersi anche un autista, Dio ne scampi. Naturalmente le loro amiche, le Santonocito, le Turrisi e tutte le altre, avevano già un'automobile... non era mancata la risposta. A questo punto don Gaetano era uscito dai gangheri:

«E i fidanzati... i fidanzati non li tenete di conto? Quelle hanno anche i fidanzati, lo avete dimenticato?» Lo sapeva fin troppo bene che il tema 'fidanzati' bruciava anche a loro. Infine, per non avvilirle, aveva evitato di aggiungere che le ragazze Santonocito e Turrisi offrivano qualcosa in più, oltre a un patrimonio considerevole: una bella presenza e, senza voler essere grossolani, la carne giusta al posto giusto. Ogni volta che le guardava si chiedeva da chi avessero preso: certo la moglie, in quanto a carne, neanche in gioventù ne aveva avuto un grammo di più, da nessuna parte, se lo ricordava bene. Senza mettere sulla bilancia certe altre qualità fisiche del tutto insufficienti.

Lui era fuori causa. La bellezza fisica non è certo una prerogativa maschile. A questo devono pensare le donne. Insomma, si rompeva la testa con questi problemi.

D'altra parte, ai suoi tempi non si guardava a certe esteriorità, e poi la bellezza non si mette a tavola, concludeva ogni volta nei suoi soliloqui. La moglie gli aveva portato una bella dote con la quale aveva potuto comprare un podere del barone, suo padrone, approfittando di un momento di ristrettezze finanziarie. Il suo primo podere. Il barone si faceva vivo solo quando aveva bisogno urgente di denaro. Don Gaetano del resto era sempre pronto a sborsare anche del suo, non senza essersi preso certe cautele. Ognuno deve badare ai propri interessi. Se poi quello non poteva pagare, cosa assai prevedibile, era giusto che la roba rimanesse a lui. Inoltre, chi si accollava tutto il lavoro delle tenute, le arrabbiature con i braccianti che non sapevano neanche menare la zappa e chiedevano aumenti, la vendita degli agrumi e tutte le altre seccature? Lui, solo lui, mentre il barone intascava il frutto del suo lavoro. Il barone non si era mai sporcato le mani. Anzi, se ne stava a Parigi, il più lontano possibile e in mano sapeva tenere solo carte da gioco.

Intanto la maggiore, Pietrina, aveva compiuto ventisette anni, si stava avvicinando ai ventotto e, se era bene informato, fino a quel momento non aveva avuto un solo pretendente, neanche un cane che avesse abbaiato per lei. Ma non c'era da meravigliarsi: con la lingua che si ritrovava e quel sorrisetto ironico col quale riusciva a mandare in bestia anche un santo, cosa ci si poteva aspettare? Le sue prediche non erano servite a niente, al contrario si era incattivita, per non dire inacidita. Più di una volta aveva pensato quanto sarebbe stato più comodo infilarla in un convento, come si faceva nei tempi passati: allora era facile mettere da parte una figlia, toglierla di mezzo nel modo più civile del mondo. In fondo i conventi erano lì per questo, per liberare le famiglie da elementi di disturbo.

Poi veniva Santina, due anni meno di Pietrina, e anche lei: niente. Come carattere era più malleabile, non fosse stato per l'influenza della sorella maggiore che la istigava a mettersi in contrasto con tutti. Inoltre era piuttosto lenta di comprendonio, un po' stordita, secondo lui, mentre la madre la difendeva dicendo che era soltanto un po' ingenua. Verso l'ultima, Maria, forse la più graziosa delle tre, di una ventina d'anni, capricciosa e fin troppo vivace per i suoi gusti, nutriva ancora qualche speranza, data anche l'età.

Purtroppo quella brava donna di sua moglie non gli aveva saputo dare un solo figlio maschio. A volte si domandava per che cosa si fosse ammazzato di lavoro, per chi aveva risparmiato fino all'osso, arraffato un pezzo di terreno dopo l'altro, depositato soldi in banca... per i futuri generi, forse? Nessuno che portasse il suo nome. Con gli anni aveva inghiottito la pillola, amara, proprio amara. La moglie si sentiva in qualche modo colpevole, anche perché dopo la terza figlia aveva perso ogni speranza. Oltre a tutto non era più tanto giovane e a quarant'anni non aveva voluto rischiare una nuova gravidanza. Da anni ormai non si era più accostato a lei, un po' per il disgusto verso quel corpo magro, legnoso, lo ammetteva, un po' per l'inutilità di tutti i suoi sforzi. E si era ritrovato in una casa piena di femmine. Inesorabilmente. Neanche avesse da scontare chissà quali peccati.

Infine, visto che non si muoveva nessuno, decise di prendere lui stesso le redini in mano. Aveva conosciuto un commerciante di agrumi, un uomo giovane, molto intraprendente (senza fede al dito) e aveva saputo, parlando del più e del meno, che aveva altri tre fratelli scapoli. Don Gaetano drizzò le orecchie: almeno uno dovrà pure abboccare, aveva pensato. In fondo le sue figliole non erano poi nullatenenti, una buona dote era assicurata, certo non come quella della madre, perché infine bisognava dividere in tre, ma restava sempre un bel gruzzolo: per ognuna di loro un pezzo di terra al sole, la casa arredata di tutto punto in un quartiere elegante della città, il corredo a ventiquattro[30], più tutti gli abiti e le cianfrusaglie di cui avevano bisogno. Cosa si poteva volere di più?

La stagione era proprio ideale. Maggio, il mese delle rose ma anche dell'amore. Decise di invitarli per una scampagnata, in una casa di campagna del barone. Sapeva che il padrone era di nuovo partito per la Francia e che non sarebbe tornato così presto, come sua abitudine.

Avvertì la moglie che le ragazze si vestissero con semplicità, pochi fronzoli per favore e che si comportassero modestamente, ma soprattutto non parlassero italiano. Questa moda di parlare con la lingua di fuori lo irritava più di ogni altro capriccio delle figlie. Ma quelle ribattevano che le Santonocito, le Turrisi... infine, nella buona società ormai si parlava solo italiano. A lui montava il sangue alla testa: si erano messi tutti d'accordo per dettar legge in casa sua?

«Ma che lei e lui», protestava ogni volta, «qui nessuna persona civile si permette di parlare in questo modo. Tanto è vero che queste forme di cortesia non esistono nemmeno nella grammatica siciliana: qui c'è solo il tu o il voi e basta. Tutta colpa dei piemontesi che oltre a tutte le altre angherie vogliono imporci anche la loro lingua... a noi vogliono insegnare come dobbiamo parlare... noi che abbiamo parlato molto prima di loro...» E lì si fermava, perché quando cominciava a imprecare contro i piemontesi le figlie, di comune accordo, scappavano in un'altra stanza. In realtà, rimuginava fra sé e sé, lo sapeva fin troppo bene da dove venivano gli sdilinquimenti, i capricci e tutto il resto: dalle varie Santo-

---

[30]Fino agli anni Quaranta del XX sec. ogni sposa portava in dote un minimo di biancheria per la casa, il cosiddetto corredo, che poteva essere a sei, a dodici, o a ventiquattro, cioè sei tovaglie, sei lenzuola, sei asciugamani ecc. Normalmente veniva esposto in casa della sposa, qualche giorno prima del matrimonio, per dimostrare la ricchezza della famiglia dalla quale proveniva.

nocito e Turrisi, non certo dalla moglie, una brava donna, semplice, assennata e senza fisime per la testa.

All'invito arrivarono solo tre fratelli, il quarto era incomodato. (Si seppe poi che in famiglia non contava niente essendo considerato debole di mente). Il maggiore, Giuseppe, detto Puddu, un ometto di una trentina d'anni, azzimato, i capelli neri lisci fissati alla testa con l'aiuto di una pomata, i baffi piegati in modo perfetto alla Menjou, dava l'impressione di essere il candidato più probabile. Era burbero, rigido, non abituato a trattare con donne. Si vedeva di primo acchito. Impacciato e sfuggente, spiccicava appena due parole. Inoltre era chiaramente fuori posto, sia per via delle scarpe troppo lucide per la campagna, sia per il vestito nuovo di zecca che non faceva una piega, e infine per tutto il suo modo di fare, incapace di adattarsi all'ambiente piuttosto rustico in cui vennero ricevuti. Il secondo, Santo, elegantissimo, capelli neri lucidi di brillantina, baffetti appena accennati sul labbro sprezzante, di carnagione olivastra, un vero levantino dalla testa ai piedi, era al contrario esperto in fatto di donne, un vero uomo di mondo. E si vedeva. Inoltre era anche il capo, la sola autorità della famiglia. Don Gaetano lo escluse subito. Troppo pericoloso e poi le sue figlie non avevano niente da offrire a un tipo simile.

Il terzo, il più giovane, biondo, ricciotuto, piccolo e grasso, il vero tipo dell'allocco, del semplicione, faceva tutto quello che gli comandavano i fratelli maggiori, per i quali del resto nutriva un'ammirazione e un rispetto senza limiti. Bastava un'occhiata, una minima alzata di sopracciglia di uno di loro per farlo ritornare ai ranghi: ogni desiderio dei fratelli era un ordine che non osava mettere in discussione. E poi era ancora molto giovane. Anche su di lui Don Gaetano non fece nessun assegnamento.

Sul primo invece si buttò a capofitto. Lo circuì, lo blandì con tutte le armi a sua disposizione, purtroppo non capito e tanto meno assecondato da nessuna delle sue figliole. Lui aveva pensato alla maggiore, come era suo dovere, ma quel tipo se dimostrò qualche interesse, minimo del resto, bisogna subito ammetterlo, fu per Santina, quella di mezzo. Il tutto limitato a qualche brevissima frase sul tempo, come:

«Bella giornata oggi.» E basta. Ma era già molto, se si considera che alle altre due aveva appena rivolto il saluto, senza neanche guardarle in faccia. Don Gaetano, alla prima occasione si avvicinò alla moglie e a bassa voce la esortò a incoraggiare le figlie a una maggiore cortesia. Un po' di scioltezza, perbacco. Parole al vento. Tutte e tre avevano subodorato il motivo della scampagnata e facevano le superbiette! Incredibile. Don Gaetano aveva una gran voglia di risuolare il loro delicato sederino.

Fu un pomeriggio assai faticoso per il povero padre. La sera gli ospiti ritornarono in città, con la loro automobile e loro rimasero in masseria, dove avrebbero trascorso la notte. Il padre, partiti gli ospiti, sbottò:

«Ma chi vi credete di essere... non si trattano così dei bravi giovanotti... e io che mi sono dato la pena di invitarli... con questo risultato.» Le ragazze non capirono cosa avesse. Non avevano fatto niente. Appunto, niente, protestò il padre, neanche la minima attenzione, la più piccola gentilezza. Anche qui totale incomprensione delle ragazze. La madre non sapeva a chi dare ragione. Certo non potevano offrirsi come la merce al mercato, cosa aveva pensato? In una parola, si scaldarono tutti, praticamente senza motivo.

«In fondo», notò Pietrina, col suo solito sorrisetto-strappa-schiaffi, «l'iniziativa deve partire dall'uomo. Nessuno di loro si è dato da fare, nessuno che abbia dimostrato il minimo interesse per noi.» Maria invece dichiarò, con voce stridula vicina a una crisi isterica:

«Io con tipi simili non voglio averci a che fare: fruttivendoli, gente di Pescheria...» Il padre perse le staffe:

«Quelli sono commercianti all'ingrosso, esportatori. Non dei rivenditori a dettaglio... da Pescheria.» La voce gli si strozzò in gola per la rabbia. «Ecco perché non vi siete curate degli ospiti: per quella maledetta puzzetta sotto il naso. Devo forse portarvi il baronello degli Spiantati o il marchesino dei Perdigiorno?» Le ragazze scapparono dalla stanza tappandosi le orecchie con ostentazione. La moglie cercò di calmarlo, lei stessa tutta scombussolata.

L'indomani di buon mattino se ne tornarono in città tutti e cinque imbronciati. Il padre, dopo una notte insonne, era di umore pessimo, ingrugnato. Se usciva una parola dalla bocca delle ragazze era solo per schizzare veleno e niente altro. La madre cercava di buttare acqua sul fuoco facendo finta di non sentire le frasi sarcastiche delle figliole, mentre evitava di guardare il marito in faccia per non vedere i suoi occhi rossi di rabbia.

Ma Don Gaetano non si arrese. Incontrò i due fratelli maggiori per motivi di affari (erano suoi clienti) e li invitò, questa volta nella sua casa di città, a prendere il gelato, un pomeriggio di domenica.

Senza perdere tempo si precipitò da Caviezl e ordinò una bella cassata, uno zuccotto di semifreddo, biscotti e altri dolci vari. Non badò a spese, ma non poté trattenere un sospiro al momento di pagare: figlie femmine... tutti soldi buttati via. La domenica fu consegnato quel bendidio verso le tre e mezza; poco prima delle quattro arrivarono gli ospiti.

Le ragazze, questa volta preventivamente avvertite, dopo una severissima predica del padre si vestirono seguendo i suoi ordini. Ma non si limitò ai soli vestiti: usando della sua autorità di uomo e padre proibì alle figliole di parlare italiano, e ancora peggio: guai a truccarsi, neanche un velo di cipria, niente. Anche questa una moda introdotta dalle care amiche, come supponeva lui, quasi le figlie stesse non fossero capaci di prendere una propria iniziativa.

Si sedettero nel salottino buono, quello con i mobili laccati bianchi e oro, stile rococò e la tappezzeria di seta francese... un vecchio desiderio della moglie. D'altra parte aveva pagato tutto il suocero, bisognava ammetterlo. Quei mobili per la maggior parte dell'anno venivano coperti accuratamente con delle lenzuola, per preservarli dalla polvere. Per le visite giornaliere, quando venivano le loro amiche a prendere il caffè e scambiare gli ultimi pettegolezzi, era riservato un vecchio salottino, arredato alla buona, dove usavano sedersi per fare i lavori di cucito. Le due sorelle maggiori erano infatti due ricamatrici raffinatissime, e praticamente trascorrevano l'intera giornata a ricamare una interminabile serie di lenzuola, federe, tovaglie e tovaglioli per dodici o ventiquattro persone, camicie e mutande anche da uomo. Il padre non riusciva ad immaginare in quali occasioni avrebbero usato tutta quella roba. Elegante, anzi elegantissima, non c'era niente da dire. Solo che mancava di praticità, su questo non potevano esserci dubbi. Ma la sua opinione non contava niente. Glielo aveva detto chiaro e tondo Pietrina.

«Tu non capisci niente... sono cose da donne... si vede che sei abituato a frequentare solo gente di campagna... lì sono tutti rozzi, uomini e donne...»

Le tre ragazze si sedettero in fila sul divanetto lasciando le poltroncine per gli ospiti. La madre e il padre presero posto su due pouf, proprio di fronte a loro. Subito si fece avanti la cameriera col vassoio dei gelati e lo depose sul tavolinetto, in mezzo, fra poltrone e divano, contenta di essersi liberata da quell'incarico: i gelati minacciavano di squagliarsi e sarebbe stato un bel pasticcio per lei se avesse aspettato qualche minuto in più. La signora Scalìa le aveva detto di non precipitarsi nel salotto, di aspettare che almeno avessero incominciato a parlare, lei invece era piombata nella stanza contravvenendo agli ordini. Ma con quel caldo non era possibile perdere ancora del tempo. Senza contare che col camice nero, il grembiulino bianco e la cresta inamidata in testa bruciava dalla voglia di mostrarsi agli ospiti il più presto possibile. La padrona la faceva vestire così solo in occasioni eccezionali.

La signora Scalìa alzò gli occhi al cielo: si era mai vista tanta ignoranza? Ma fece buon viso a cattiva sorte e cominciò a offrire i rinfreschi, con tutta la buona creanza cui era capace. Le ragazze erano pronte ad allungare le mani... o forse bisognava lasciare prima gli ospiti? Il padre non aveva dato ordini precisi e normalmente le donne hanno sempre la precedenza. Pietrina lanciò un'occhiata di traverso in direzione del padre, poi prese un gelato sospirando. Tanto qualsiasi cosa avessero fatto o non fatto, partiti gli ospiti, avrebbero dovuto fare i conti con lui. Ormai lo sapeva.

Questa volta i due giovanotti furono un pochino più sciolti, anzi Puddu azzardò qualche considerazione, tipo:

«Un caldo come questo fa temere un agosto di fuoco.» E dopo la prima cucchiaiata di gelato: «Squisito. Deve essere di Caviezl.» Don Gaetano pensò: „e grazie tante, con quello che mi è costato." Ma si lasciò andare anche lui a quel piacere. In fondo amava molto la cassata e un pezzetto di semifreddo di cioccolata e panna lo ripagò dell'agitazione che tutta quella faccenda gli aveva procurato.

La conversazione languiva. Non si sapeva di che parlare. Don Gaetano si ingolfò in un'accesa discussione su certi affari di aranci e limoni che gli stava tanto a cuore, argomento questo sempre interessante per uomini come lui. Approfittò poi dell'occasione per finire di contrattare una partita di limoni rimasta in sospeso, senza curarsi degli sbadigli più o meno provocatori delle figlie, che chiaramente si annoiavano. Ad un certo punto Pietrina, seguita dalle sorelle si alzò, ormai decisa a ritirarsi, mentre la madre a segni le scongiurava di restare: solo allora il padre si accorse di loro (ma era solo una manovra). Di colpo allegro, con la teatralità che gli era propria, disse:

«Visto che la gioventù si annoia, che ne direste di una passeggiata nella Villa Bellini?» Aveva gettato la lenza e il pesce abboccò: Santo, da perfetto uomo di mondo, si offerse insieme al fratello di accompagnare le ragazze, col permesso dei genitori, e in loro compagnia. Questo era chiaro.

Don Gaetano si schermì subito, aveva molte cose da fare e preferiva restare in casa. In realtà ne aveva abbastanza di tutto quel teatro, e anzi aveva deciso la prossima volta di parlare a quattrocchi con uno dei fratelli per sentire se avevano qualche intenzione seria. La dote era rispettabile, – aveva anche pensato di aumentarla in vista del buon partito – e con un po' di buona volontà si sarebbe potuto concludere l'affare. Infine, voleva sapere come regolarsi.

Era la prima volta che uscivano in compagnia maschile.

Sorse il problema dei posti nell'automobile dei giovanotti: stringendosi un poco ci stavano cinque persone, ma loro erano in sei. La madre, decisa a non rinunciare al suo ruolo di chaperon, in un primo momento pensò di lasciare la più giovane in casa, tanto lei per il momento era fuori causa, poi visto il muso lungo di Maria e le risatine soddisfatte delle altre due, propose di andare tutti a piedi. Era più pratico, sentenziò, suscitando un generale malcontento, ma non c'era proprio altra soluzione. E intanto che le figlie si cambiavano per mettere i loro famosi vestiti da passeggio (non c'era stato tempo di consultare il padre, così decisero di testa propria) confabulò col marito, da una parte, per sapere l'ordine che avrebbe dovuto tenere, cioè chi doveva andare con chi. L'ordine fu il seguente: in prima fila Santina con Puddu, in seconda Pietrina e Santo, in terza lei e Maria. Don Gaetano non tenne conto del fatto che Pietrina, essendo la maggiore, non sarebbe scesa a nessun compromesso. Appena in strada, infatti, senza dire una parola, passò in prima fila lasciando la madre nella più grande confusione. Per fortuna Santo le si mise accanto con grande presenza di spirito in modo che almeno l'ordine delle coppie venisse rispettato. Una bella lavata di capo, appena a casa, non gliel'avrebbe risparmiata nessuno. Pensò la madre.

La piccola processione si avviò, ma non erano soli. Il passeggio domenicale era più o meno riservato a una particolare categoria di persone che durante la settimana non passava mai per le strade del centro: i marciapiedi della via Etnea brulicavano ora di una folla sbucata da chissà quali vicoli. Uomini e donne con i migliori vestiti addosso; ragazzini lavati e strigliati a dovere, che si rincorrevano in mezzo alla gente, richiamati dalle voci stridule delle madri. Piccoli gruppi in movimento, strategicamente organizzati secondo un ordine prestabilito: in prima fila la coppia dei fidanzati, poi i giovani, ragazzi e ragazze cui seguivano diversi parenti, i genitori della coppia, zie, zii, nonni... a due a due. Non era raro vedere tutti insieme una ventina e più di persone appartenenti alla stessa famiglia, procedere con lentezza estenuante, lungo il marciapiede, occupandolo e impedendo il passaggio ad altre persone. In quelle occasioni sarebbe stata una pazzia voler sorpassare, andare di fretta, non adeguarsi al ritmo comune.

Purtroppo la signora Scalìa sapeva di avere solo una coppia di fidanzati in spe... forse, se tutto andava bene.

Ogni tanto vedeva che Puddu accennava a qualcosa e, buon segno, aveva dato il braccio a Santina. Formavano una coppia ben assortita, essendo lei piccola e magra quasi quanto lui.

A questo proposito Don Gaetano aveva sempre avuto molto da ridire. La magrezza esagerata delle sue quattro donne lo esasperava. Spesso borbottava di avere quattro San Giuseppe con l'ascia e non uno, alludendo alla piattezza del loro seno. Alle ragazze ripeteva il vecchio detto: „la carne sta bene alla gatta" ma quelle subito risentite, «noi non siamo gatte», ribattevano con la solita acredine. Alla moglie non diceva niente. Ormai aveva rinunciato da molti anni. Prima, quando ancora c'era stata qualche speranza di una discendenza, nei rari momenti di intimità, aveva avuto ogni volta l'impressione di fecondare una capretta. Ma per fortuna aveva provveduto da tempo. Alla masseria aveva da più di dieci anni ben altra carne, fresca, soda, con cui riempirsi le mani. Rosalia, la sua contadina, adesso di una trentina d'anni, aveva appagato abbondantemente tutte le sue esigenze, sostituendo quella povera donna che ogni volta, a letto, mormorava Gesúmmaria. E ci mancava poco non si facesse il segno della Croce. Questo suo atteggiamento lo aveva sempre demotivato, gli aveva tolto ogni foga: chiaro che non erano riusciti ad avere il tanto desiderato figlio maschio... per un figlio maschio ci vuole un po´ più di entusiasmo e con una donna così un uomo non può certo fare miracoli! In fondo anche lei aveva la sua parte di responsabilità. E si rodeva il fegato. Anche questo aveva dovuto sopportare.

La sua relazione con Rosalia non era, secondo lui, un vero e proprio tradimento, ma solo un modo per risparmiare alla moglie certe situazioni che del resto non le erano mai state gradite. Senza contare che lui viveva più in campagna che in città.

Alla Villa Bellini la coppia Santina-Puddu stranamente cominciò a sparire sempre più spesso dietro i vialetti, sembrava inoltre che avessero qualcosa da dirsi; mentre Pietrina e Santo, evidentemente arrivati agli sgoccioli, dopo un po´ si unirono alla madre. Santo si annoiava a morte e, nonostante la sua buona educazione, non riusciva a nasconderlo. Pietrina, poi, era sul punto di scoppiare E si vedeva. Per sciogliere un po´ la tensione Santo chiamò uno dei ragazzini che vendevano mazzetti di gelsomino, o forse di zagara, ne comprò quattro e li offrì alle dame: questo gesto conciliò gli animi e consolò un pochino anche Pietrina, benché in pochissimo tempo avesse sviluppato un odio mortale verso il suo cavaliere.

Don Gaetano, convinto che bisogna battere il ferro finché è caldo, non perse tempo: qualche giorno dopo incontrò 'per caso' Santo e lo invitò a bere un caffè. Quello accettò subito, quasi non avesse aspettato altro, e da perfetti uomini d'affari, vennero subito al sodo: sì, Puddu aveva interesse per la seconda figlia, ma sarebbe stato di una certa importanza sapere ecc. ecc. Don Gaetano non se lo fece dire due volte, e cominciò a sciorinare tutto l'ammontare della dote della figlia. Santo chiese anche un capitale, avevano bisogno di liquidi. La casa e tutto il resto, naturalmente con contratto matrimoniale, quindi dotale, cioè intoccabile, il contante senza scrittura. Controvoglia, Don Gaetano si lasciò cavare anche questo dente, purché almeno una delle figlie uscisse di casa, onorevolmente.

Aveva solo una preoccupazione: come dirlo a Pietrina. E ancora, come rendere pubblica l'ultima clausola richiesta da Santo. Le altre ragazze avrebbero sicuramente protestato, non solo, ma avrebbero preteso lo stesso trattamento anche per loro: ne sarebbe uscito a dir poco dissanguato. Mentre ritornava a casa decise di non dirne niente neanche alla moglie. In fondo era un affare fra uomini e le donne meno sanno meglio è.

Poi, presa questa decisione, inghiottito il rospo, si lasciò andare all'euforia: si fregò le mani, soddisfatto. Una era sistemata e festeggiò subito da Caviezl, da solo, con una bella coppa di gelato, come piaceva a lui. Poi, uscendo dal negozio, ripensò a tutte le spese che sarebbero piombate sulla sua testa, a tutti i conti che avrebbe dovuto pagare e la gioia diminuì. Figlie femmine, mormorò a denti stretti.

Puddu cominciò a venire ogni pomeriggio, sul tardi. Si sedevano sempre nel salottino buono sotto il vigile controllo della madre. Scambiavano quattro chiacchiere concernenti soprattutto l'arredamento della nuova casa. Il promesso sposo non si pronunciava mai: che se ne occupassero le donne, e dal tono della voce era facile capire quanta importanza attribuisse a quelle bazzecole. Restava burbero, sempre sulle sue e raramente si lasciava andare a qualche considerazione, quasi il discorrere con donne potesse diminuire in qualche modo il suo prestigio di uomo serio: uscendo di casa per venire dalla fidanzata diceva sempre di essere di corvè... e non scherzava! La sua famiglia in realtà, si divertiva alle sue spalle: mai avrebbero pensato che un uomo come lui potesse trovare una donna disposta a sposarlo. E bisognava vedere come si leccava, prima di uscire. Siccome era sempre giallastro, per dare colore alle sue guance, aveva preso l'abitudine di dormire un'ora, prima di andare dalla fidanzata... per aver un colorito sano, diceva.

Qui intanto venivano offerti rinfreschi, bibite, ogni giorno qualcosa di diverso. La domenica poi uscivano tutti, in carovana, e questa volta i fidanzati prendevano posto in prima fila, come di dovere. Pietrina e Maria vestite con maggiore eleganza, perché, dicevano, adesso ne avevano più bisogno, venivano dietro, cercando di frapporre una certa distanza fra loro e la prima coppia. Quella specie di processione le irritava molto e forse forse avrebbero preferito restare in casa, se la smania di mettersi in mostra non fosse stata più forte di ogni amor proprio.

La povera signora Scalìa era spesso presa dal panico: aveva tante cose da preparare e il tempo stringeva.

Dopo sei mesi ci furono le nozze, sontuosissime: Don Gaetano spese un patrimonio. Disse che un altro matrimonio così e si sarebbe ridotto all'elemosina. Il sarto francese entrava e usciva dalla loro casa a ogni ora del giorno, accompagnato dalla modista e da chissà che altra gente. Persino lui dovette farsi fare una nuova marsina, dato che quella che aveva indossato per il proprio matrimonio, ancora in ottime condizioni, era diventata troppo piccola, si era ristretta, diceva lui, non volendo assolutamente ammettere di essere un po´ ingrassato. E poi c'erano i mobili per la casa degli sposi, le tende, i tappeti... conti, conti da pagare, senza fine. I debiti se lo stavano mangiando vivo, non faceva che borbottare, guai a venirgli vicino, era un continuo lamento, un continuo imprecare a denti stretti. Ma cosa poteva fare? Non poteva certo tirarsi indietro, all'ultimo momento. Soffriva, sbuffava, si arrabbiava e pagava.

«La salute... il fegato a pezzi... la notte che non dormo... chi l'avrebbe detto?»

Dal viaggio di nozze, dopo due settimane, a Roma e Venezia, la coppia di sposi tornò senza un sorriso. Ingrugnati. Due nemici. Cosa era accaduto? Santina, con l'ingenuità che le era propria, appena a casa, alle sorelle curiose e alla madre preoccupata dichiarò:

«Sono frigida. Lo ha detto Puddu.» La madre si fece il segno della croce.

«Gesúmmaria, che vuol dire questo? Cosa si aspettava? Che pretendeva da te? Questa è una famiglia onorata... e poi di queste cose non si parla così, in pubblico», e guardò le altre figlie, piuttosto imbarazzata. Quelle un po' ridacchiavano, un po' arrossivano, non sapendo neanche loro come reagire. A conti fatti non sapevano cosa significasse quella parola: 'frigida'. Anche perché le loro amiche non ne avevano mai parlato, e due di loro erano già sposate, quindi dovevano saperne qualcosa della vita matrimoniale. Ma la cosa non finì lì. Dopo alcuni mesi venne fuori che Santina non soltanto era frigida, era anche sterile, e se il marito avrebbe potuto accettare la prima situazione, perché in fondo la considerava abbastanza normale e alla fine non gliene importava poi tanto dato che lui si sottoponeva a una certa procedura soltanto per avere un figlio, quest'altra al contrario era difficile da perdonare.

Anzi non la perdonò mai.

In realtà aspettava con impazienza un erede, sia lui che tutto il suo parentado. Era una vergogna. Si sentiva imbrogliato. Protestò persino col suocero, quasi questi avesse colpa di qualcosa. Ci mancò poco non gli chiedesse un risarcimento dei danni morali che quella manchevolezza della moglie gli procurava nell'ambito della propria famiglia, non solo, ma anche di tutti i suoi conoscenti. Non poteva sopportare la domanda sempre più ironica:

«A quando la discendenza?», quasi si trattasse dell'erede al trono! Santina si struggeva. Invidiava le sorelle non sposate perché ancora piene di illusioni, libere di vivere come volevano, senza dover rendere conto a nessuno. Lei al contrario, ogni giorno si sentiva morire di mille morti al solo pensiero di ciò che l'aspettava la sera, dopo cena, quando il marito irritato le ingiungeva di spogliarsi, di togliersi di dosso quella maledetta camicia da notte da collegiale, bianca, abbottonata fino al collo, per offrire ai suoi occhi carichi di disprezzo il suo povero corpo nudo, rinsecchito, privo di ogni carica erotica.

«Non mi ispiri, mi togli ogni desiderio, ogni voglia. Farei meno fatica ad accoppiarmi con una capretta», le buttava in faccia, senza riguardi, carico di odio. Stranamente anche lui alla vista di quel corpo magro, con due accenni di seno del tutto insignificanti (e si arrabbiava di non essersene accorto prima, durante il fidanzamento), pensava a una capretta, proprio come il suocero. Santina inghiottiva lacrime di umiliazione e si ripiegava su se stessa, sconsolata, incapace di reagire, sopportando ogni violenza, ogni insulto, convinta di essere la sola colpevole, la sola responsabile di quel fallimento. Man mano prese a odiare il proprio corpo e la sua incapacità di funzionare come quello delle altre donne. Una donna incinta era diventata per lei un confronto vergognoso e umiliante. Pregava Dio anche di prendere la sua stessa vita in cambio di un bambino e finire così quella tortura; ogni giorno faceva un nuovo voto sottoponendosi a penitenze che inventava lì per lì; e portava ceri alla Madonna, a Santa Rita, a Sant'Antonio e a molti altri santi, sempre senza successo. Gli occhi sempre rossi di pianto, si appartava la mattina con la madre in conciliaboli cui le sorelle non potevano avere parte. Ma la madre era praticamente tanto esperta quanto lei. Cercava solo di consolare la figlia e la scongiurava, per carità, di non abbandonare il marito, di evitare quello scandalo. Santina infatti, dopo un anno di matrimonio, traumatizzata dagli assalti notturni del marito, sempre più brutale e violento, e dalla durezza con la quale la trattava durante il giorno, era in procinto di tornarsene a casa dei genitori, che d'altra parte abitavano nello stesso palazzo, un piano di sotto.

Prima però vollero fare l'ultimo tentativo, quello cioè di andare da un ginecologo, anche per tappare la bocca al marito che l'accusava di non voler intraprendere niente per favorire una gravidanza. Andò insieme alla madre. Una vergogna senza fine, una umiliazione come mai si sarebbe immaginata: svestirsi, sedersi su una strana poltrona, allargare le gambe in presenza di un estraneo, permettergli di infilarle dentro chissà quali strumenti di tortura e come non bastasse anche le mani!

Alla fine di questo tormento, la risposta fu un'alzata di spalle:

«È tutto a posto, tenti ancora cara signora, non desista, vedrà che avrà successo.»

Santina restò senza figli.

Intanto il padre, incurante delle difficoltà di Santina, aveva ripreso un po´ di respiro: non poteva certo preoccuparsi della discendenza di Puddu, in fondo non erano affari suoi.

Senza perdere tempo cominciò a darsi da fare per trovare un marito a Pietrina. Qui non ebbe successo, benché portasse in casa tutti i commercianti di agrumi che conosceva, senza trascurare alcuni mezzadri, e infine una fila di possibili pretendenti con vari mestieri e di tutte le età. Perfino un vedovo cinquantenne riuscì a trascinare nel suo salotto. Non abboccò nessuno. Pietrina, ormai trentenne, aveva assunto l'aria della zitella rassegnata, nemica degli uomini: affilava la lingua e ogni frase che diceva aveva sempre un sottofondo sarcastico, sferzante, che spaventava ogni visitatore. Ma forse era proprio questo che inconsciamente voleva, dopo l'esperienza matrimoniale di sua sorella.

Il padre la minacciava:

«Ti taglierò la lingua se non riesci a metterla a freno.» Ma tutti i suoi buoni proponimenti crollavano alla vista del primo giovanotto che si presentava con la classica spavalderia di chi crede di aver vinto la partita con la sua sola presenza. Ogni volta una rabbia sorda, un furore distruttivo si impossessava di lei. A fatica riusciva a dominarsi. In qualche modo si tradiva sempre. In realtà era la voce, affilata come la lama di un coltello, a tradirla. Le parole spesso innocue, le frasi banali acquistavano allora significati reconditi, sottintesi che raggelavano: l'ospite preso di mira tagliava la corda senza curarsi di dare qualche spiegazione. E intanto il padre schiumava di rabbia.

Che avesse indovinato qualcosa di Santina? Certo l'infelicità della sorella era troppo evidente, solo il padre poteva illudersi di aver accasato bene la figlia. Del resto a lui non raccontava mai niente nessuno (benché alla fine sapesse più di quanto volesse dare a intendere).

Da qualche tempo poi con la moglie aveva quasi smesso di parlare: una buona anima era venuta appositamente dalla campagna per metterle una pulce nell'orecchio, raccontandole a mezze parole della sua relazione con Rosalia. E lui sapeva anche chi gli aveva reso quel servizio. Una storia vecchia, aveva detto alla moglie alzando le spalle, senza nessuna importanza. Non era neanche il caso di parlarne.

Forse Pietrina aveva visto le lacrime della madre, aveva sentito qualche parola di troppo. Chissà. Il fatto è che il suo astio contro gli uomini si fece sempre più manifesto, soprattutto contro i timidi e i riservati. Non era stato forse timido e riservato proprio il cognato Puddu?

«Mai fidarsi dei timidi» borbottava fra un punto di ricamo e l'altro.

Non era stato considerato dal padre una brava persona, un uomo rispettabile, sicuramente un buon marito?

«Guai a credere agli uomini rispettabili», continuava parlando da sola.

E il padre, possibile che non sapesse niente della violenza, della brutalità di quell'uomo 'rispettabile' nei confronti della figlia? Ma di questo non era possibile parlare; neanche lei riusciva a spiattellargli in faccia certe verità che gridavano al cielo, tanto lui non l'avrebbe capita, non solo, ma avrebbe provocato una scenata in famiglia senza precedenti. In fondo avrebbe potuto indovinare una parte della verità soltanto guardando gli occhi arrossati di Santina, lo sguardo sempre più smarrito, la passività completa in cui cadeva giornate intere; il terrore che era possibile leggere sul suo viso pallido e sempre più smagrito, appena sentiva i passi sulle scale del marito che rientrava a casa.

C'era da mettersi le mani nei capelli. Don Gaetano se la prendeva con la moglie, che secondo lui non aveva educato le figlie alla modestia, al silenzio, alla sottomissione e faceva dei soliloqui fra sé e sé, tanto la moglie dopo quella stupida storia di Rosalia era irrimediabilmente dalla parte della ragione e lui del torto. Questo era ormai chiaro.

E pensava: questa ragazza mi resterà in casa.

Purtroppo i fatti confermarono i suoi timori.

Con Maria le cose andarono in tutt'altro modo. Il fratello minore di Puddu, uno sbarbatello biondo, pieno di riccioli, già piuttosto grasso, aveva preso a frequentare la casa della cognata con una certa assiduità; qui si trovava, come per caso, anche Maria, che veniva ogni giorno dalla sorella con una scusa sempre diversa.

Furono sorpresi dietro una tenda, mentre si baciavano.

Questo secondo matrimonio costò a don Gaetano la metà di quello di Santina. Per ovvi motivi.

Un matrimonio combinato

La Chiesa aveva un aspetto del tutto ordinario: niente addobbi, niente paramenti particolari. Il padre della sposa, Michelangelo Fichera, *chianchèri*[31] in Pescheria, aveva ordinato due mazzi di fiori, due soli, ma grandi, – lui se lo poteva permettere – facendoli sistemare ai lati dell'altare e per sua esplicita volontà non volle altro che potesse suggerire una cerimonia di festa. In quanto ai fiori, poi, aveva fatto soprattutto attenzione al colore: non troppo bianchi, anzi più gialli che bianchi e, per carità, niente gigli.

Inutili le proteste del fioraio:

«Il giglio simboleggia la verginità della Madonna, solo della Madonna.» Il macellaio non si lasciò convincere. La sposa non era illibata e lo sapevano tutti, quindi era inutile mettersi ancora una volta sulla bocca della gente per qualche fiore scelto male.

Il 18 settembre 1922, un capannello di curiosi fermo davanti alla chiesa fece supporre qualche avvenimento speciale; alle 13 in punto, accompagnato da un modesto gruppo di invitati, in tutto quattro uomini, arrivò lo sposo, in marsina e cilindro, presi a nolo per l'occasione. Le ultime difficoltà lo avevano messo in grande agitazione: infatti era stato assai difficile trovare due persone che per quel giorno e quell'ora avessero tempo di venire in chiesa per fargli da testimone; senza contare che la maggior parte dei suoi conoscenti, sempre adducendo scuse diverse, non potevano prendere parte alla cerimonia; ancora peggio, anche i suoi quattro fratellastri e la sorellastra, figli di secondo letto del padre, avevano dichiarato di essere impegnati altrove. Tutti e cinque.

---

[31]macellaio

In realtà per loro era chiaro che mai avrebbero presenziato a quel matrimonio, fonte di continue discussioni e contrasti che sfociavano in litigi, recriminazioni di vario genere e reciproche accuse di ingiustizie e vergogne più o meno nascoste della famiglia; tutti i cosiddetti panni sporchi vennero rivangati con visibile soddisfazione di almeno una parte del parentado. Ad ogni modo quella unione, disonorevole per tutta la famiglia, era considerata una macchia per il loro buon nome di gente seria e onorata, avevano dichiarato categoricamente fino all'ultimo momento. D'altra parte conoscevano fin troppo bene la storia della non illibatezza della sposa e dello scandalo che ne era seguito, e chi non lo sapeva? Solo un babbeo avrebbe potuto prendere una decisione come quella, e alla sua età poi; legarsi per tutta la vita a una femmina di quella sorte, con le conseguenze, assai prevedibili, che ne sarebbero derivate. Con tutto rispetto per la dote considerevole – se ne parlava in giro – e di questo rendevano atto essendo loro stessi uomini d'affari, sul piatto della bilancia non aveva messo la giovane età della ragazza, la tanto decantata bellezza, con l'aggiunta di un caratterino che avrebbe spaventato anche un uomo con ben altra esperienza in fatto di donne.

Quando si dice che uno le corna se le va a cercare!

Lo sposo, imbarazzato e nervoso come mai in vita sua, percorse la navata centrale della chiesa a passo di marcia, e si piantò accanto all'altare senza osare guardarsi intorno: la chiesa traboccava di gente. Un brusio di voci, parole, commenti a stento trattenuti per rispetto del luogo in cui si trovavano, un continuo movimento di gente che si chiamava, rideva... sembrava di essere al mercato. I pochi invitati avevano faticato a trovare un posto a sedere. Tutti i bottegai della Pescheria e di San Cristoforo si erano messi d'accordo; tutti lì, per assistere a quel matrimonio. Per un momento pensò di aver sbagliato tutto. Sarebbe stato più opportuno scegliere una chiesa un po' fuori mano; magari avrebbe dovuto mettersi d'accordo col futuro suocero che aveva molta più esperienza di lui. In realtà, non si era aspettato una tale partecipazione di popolo, una tale curiosità.

L'arrivo della sposa lo distrasse però da ogni altra riflessione. Che figura maestosa e che incedere da regina! Lentamente veniva avanti al braccio del padre, a testa alta, guardando solo davanti a sé e ignorando la gente che si spingeva, si accalcava per vederla meglio. Man mano che procedeva i più curiosi quasi la sfioravano con le mani, gli occhi puntati su di lei, quasi volessero spogliarla. E non si contavano gli Ah e Oh, i commenti più o meno salaci di chi la conosceva, misti a un inconfondibile brusio di sincera ammirazione: non era dato vedere tutti i giorni una sposa di tale bellezza. Padre e figlia, sordi, emozionatissimi, procedevano intanto sfiorando appena il tappeto rosso. Sembrava galleggiassero nell'aria. A metà percorso, fra la sorpresa generale, l'organo sbrodolò qualche accordo sconclusionato: che si stesse accordando lo strumento? L'organista, fino all'ultimo momento indeciso sul pezzo da suonare, cambiava ora un registro, ora un altro, facendo un chiasso del diavolo. La coppia, non preparata a quella esplosione di suoni, perse la bussola e si fermò di botto. Il padre si riprese subito e con autorità strinse il braccio della ragazza, cercando di imporle il ritmo col quale secondo lui avrebbero dovuto camminare e accennò i primi passi. Dopo poche battute, però, quando sembrava si fossero accordati sul modo di proseguire, la musica si perse per strada, cioè sfumò di colpo, senza capo né coda. L'organista era stato chiamato di urgenza a casa, come in seguito si venne a sapere. Lasciati in asso, i due non seppero più cosa fare. Dopo un momento di indecisione, senza neanche guardarsi in faccia, accelerarono il passo, pensando ognuno che ormai l'unica salvezza era quella di arrivare il più presto possibile davanti all'altare. Michelangelo Fichera, furioso, pensò: „*disgrazziatu! Ma cu ciù rissi di fari musica?*[32]"

Senza un sorriso, scambiandosi soltanto uno sguardo d'intesa, la coppia si accomodò sulle due sedie dorate messe appositamente lì dal sagrestano mezz'ora prima della cerimonia. Lo sposo, Peppino P., proprietario di un negozio di cereali dalle parti di San Cristoforo, si sedette sulla punta della sedia. E sarebbe meglio dire sulle spine. Aveva notato che qualcosa con la musica non aveva funzionato, ma troppo preso dall'apparizione della sposa non si era accorto della confusione della coppia. Senza dire che tutta quella folla di curiosi lo metteva in grandissimo imbarazzo: „*ma di quali civita nisciu tutta sta genti?*[33]" si chiese, evitando di guardare in faccia quelli della prima fila, nel timore di riconoscere qualche suo vicino di bottega. Mai era stato sfiorato dal pensiero che il suo matrimonio potesse suscitare tanto interesse.

La sposa occupò tutta la sedia, fino in fondo, facendola anzi scricchiolare pericolosamente: le proporzioni alquanto fiorenti del suo didietro non le lasciavano altra scelta. L'abito di satin, un po' troppo aderente alla persona, ne accentuava la forma, con particolare godimento di tutti gli uomini presenti che non potevano staccare gli occhi da quel culo fenomenale, mentre le donne sussurravano indignate.

«Che indicenza, prisintarsi in chiesa, davanti o Signuri, vistita accussì. E minumalu ca è griggiu palumbinu. Bbiancu fussi n'affruntu pi l'innuccenza de nostri figghi[34].» Sara Fichera, presto P., aveva preteso l'abito lungo con coda e velo, ma non aveva voluto provocare scandali. Sapeva benissimo che

---

[32]Disgraziato, ma chi gli ha detto di fare musica?

[33]Ma da quale civita è sbucata tutta questa gente?. Civita è un quartiere di Catania, in origine il primo agglomerato urbano della città, sinonimo di grande popolosità.

[34]Che indecenza, presentarsi in chiesa, davanti al Signore, vestita così. E menomale che il vestito è grigio chiaro. Bianco sarebbe un affronto verso l'innocenza delle nostre figlie.

ormai si era giocata il bianco, per ovvi motivi. Anche il mazzetto di fiori non era del tutto bianco, anzi aveva chiesto alla fioraia di nascondere la zagara sotto qualche rametto verde, fiorellini gialli e altro, per non fornire argomento a ulteriori pettegolezzi. Si era fin troppo parlato di lei.

Michelangelo Fichera, un marcantonio grande e grosso come è giusto sia un macellaio, stretto in una marsina grigio chiaro, nuova di zecca, si sedette sull'apposita panca, dietro gli sposi, badando bene a non muoversi troppo: temeva un improvviso cedimento nelle cuciture dei pantaloni. Il sarto secondo lui non aveva calcolato bene le misure; all'ultimo momento, cioè quella stessa mattina, poco prima della cerimonia, alla prova finale era scoppiato un pandemonio. A sentire il sarto, che conosceva il suo cliente da anni, c'era stato, nelle ultime settimane, un divario di diversi chili. Le misure che lui aveva preso il mese precedente erano perfette: il vestito fino a qualche settimana prima gli stava a pennello.

A ogni modo, anche lui sedeva sulle spine, come lo sposo, ma per motivi assai diversi dai suoi.

Peppino sbirciò la sposa, di sottecchi: non poteva dire di averla vista molto spesso. Durante le visite, poche, come aveva preteso il padre, e sempre in sua presenza, ogni volta sopraffatto dall'emozione, preoccupato di dire qualcosa di sensato per non fare la figura del baccalà, non aveva osato guardarla in faccia, come avrebbe voluto: lui si sarebbe fermato per ore a contemplare quel viso, sarebbe caduto in trance, smarrito nelle linee delicate del mento capriccioso, delle piccole labbra che accennavano un sorriso forse ironico, della forma armoniosa delle guance... e infine, quegli occhi azzurri, trasparenti, ingenui. Questa la donna che presto avrebbe potuto dichiarare sua, di sua esclusiva proprietà: sua moglie!

Per un malinteso senso di decenza, durante tutto il periodo del fidanzamento, aveva guardato più il padre che la fidanzata e aveva anche parlato soltanto con lui, ovviamente di affari: d'altra parte, che discorsi si possono fare con una ragazza e con quella in particolare? Non ne aveva la minima idea. Le donne che venivano nel suo negozio per fare le loro compere erano sempre di una certa età, per lo più brutte e a corto di parole. Con le altre, poche del resto, con le quali nel corso della sua vita da scapolo aveva avuto a che fare, non si perdeva certo in chiacchiere; quelle facevano il loro 'mestiere' parlando il meno possibile, e non avevano nessuna voglia di ascoltare le confessioni dei loro clienti. Senza contare che lui era sempre stato un uomo di poche parole e non aveva mai avuto niente da confessare.

L'imprevedibile era accaduto: alla bella età di quarantasei anni e per la prima volta in tutta la sua vita, aveva perso la testa per una donna, in modo definitivo.

Una mattina di un giorno qualunque era entrata nel suo negozio quella giovane donna, accompagnata da una serva, per fare spese. Uno stratagemma escogitato dalla pettinatrice di Sara – la mediatrice di quel matrimonio – per farli incontrare. Chiaramente era già stato organizzato tutto in precedenza. La ragazza ormai venticinquenne doveva essere accasata; il padre aveva fatto una scelta fra gli eventuali pretendenti e Peppino P. gli era sembrato il più idoneo: di lui non si conoscevano storie di donne, né sembrava essere '*omu di vinu*'. Un lavoratore indefesso, una brava persona senza fisime per la testa. Che altro si poteva desiderare? Dopo aver preso accordi con lui, – era andato di persona nel suo negozio, anche per rendersi conto della serietà commerciale del candidato, benché le informazioni ricevute fossero più che rassicuranti – stabilita la dote e chiarito il punto principale („*me figghia nun è virgini*[35]", senza voler dare ulte-

---

[35]Mia figlia non è vergine

riori spiegazioni, tanto si era parlato abbastanza di quella storia) la sensale di matrimoni era passata alla presentazione dei promessi sposi: Michelangelo Fichera non considerò necessario interpellare né chiedere il consenso alla figlia. Sara, colpevole di averlo disonorato davanti al mondo intero, non aveva il diritto di manifestare neanche il più piccolo desiderio, anzi doveva essere grata se era riuscito a trovare ancora un galantuomo disposto a sposarla.

Del resto per Sara ogni uomo valeva l'altro, visto che non avrebbe mai potuto avere Michele.

Era entrata bardata di un gran cappello nero sormontato da oggetti indefiniti (si trattava di alcuni uccellini di vario colore che Peppino emozionato e abbagliato da quella apparizione non era riuscito a identificare). Una veletta le nascondeva il viso a metà. Scintillante di gioielli, neanche dovesse andare a un ballo, vestita come un figurino di moda, era uscita dal sogno o forse dall'immagine che ogni uomo si fa della donna ideale, per entrare nella realtà del suo negozio, in carne ed ossa, senza preavviso. Certo sapeva che sarebbe venuta, un giorno o l'altro. Con tutto ciò fu colto di sorpresa.

Del vestito non ricordò più nessun particolare, neanche il colore, niente, solo il cappello lo aveva colpito. E i gioielli, perché molto vistosi. Mai avrebbe dimenticato quella mattina. Il tempo si era fermato. Il suo modesto negozio aveva assunto proporzioni insospettate: una cattedrale, ecco cosa era diventato, e il buio che solitamente dominava quel locale era stato squarciato da fasci di luce accecante. Neanche fosse entrato il Sole in persona! Per tutto il tempo che quella donna restò lì dentro, aggirandosi annoiata fra i sacchi dei vari cereali, non gli riuscì di tirare il fiato e tanto meno di spiccicare una parola. La gola secca come di chi muore di sete da tempi immemorabili, faceva fatica a mandar giù la saliva che d'altra parte si accumulava con inaspettata abbondanza nella bocca. Gli venne caldo, benché fosse solo primavera e il vero caldo fosse ancora di là da venire: il suono di quella voce poi, cantilenante, stanca, di donna capricciosa, lo confuse al punto da non fargli intendere il senso delle parole.

«nchilu di ciciri... nchilu di favi[36]*...»*

Uscita lei, il locale ritornò alle proporzioni di prima: mai si era accorto di quanto fosse misero e angusto. E buio. Ebbe subito l'impressione di piombare nell'oscurità più assoluta. Stregato, ecco cos'era. Meglio sarebbe dire: rimbecillito, come avevano constatato i fratellastri. Senza speranza.

E adesso le stava accanto. Presto l'avrebbe avuta nella propria casa, nel proprio letto. Non pensava ad altro, già da giorni. Inghiottì tutto rimescolato e il pomo d'Adamo andò varie volte su e giù, lo stesso rimescolio che lo coglieva ogni volta che il pensiero di lei lo distoglieva dal suo lavoro.

Michelangelo Fichera, secondo i patti, aveva mandato due muratori di fiducia per rimettere a nuovo la sua catapecchia, pagando di tasca propria sia per il restauro che per l'arredamento. Fino all'ultimo spillo e senza risparmio. Per l'unica figlia il meglio non era buono abbastanza. E poi ci teneva a far bella figura con la famiglia spocchiosa del futuro sposo.

Già da alcuni minuti il prete era entrato e, senza perder tempo con inutili saluti agli sposi e roba del genere, aveva preso a officiare, burbero, grasso, rozzo, visibilmente scontento, forse per l'ora scelta dal padre della sposa, che più o meno gli rovinava il pranzo, o per altri suoi motivi professionali. Peppino, trasognato, perso in mille conturbamenti, quasi non si era accorto di quanto stava succedendo davanti a lui. Alla fatidica domanda se era disposto a prendere in sposa la

---

[36]Un chilo di ceci... un chilo di fave. Da un modo di dire: *diri ciciri e ffari favi*, che significa dire una cosa e farne un'altra.

suddetta eccetera eccetera, amarla, rispettarla nel bene e nel male, eccetera eccetera, non seppe rispondere subito, tanto era stordito. Sembrava non aver capito bene la domanda, domanda del resto per lui del tutto superflua, dato che era venuto apposta per questo. Sussultò, come uno che si svegli di soprassalto. Quando finalmente si decise a dare la risposta, era già troppo tardi: un mormorio era sorto e una voce coprì le altre:

«Ci sta ripinsannu. Voi vidiri ca si ni pintiu?[37]» Sara si girò un momento verso di lui con una chiara domanda negli occhi, le belle sopracciglia aggrottate, ma il 'sì' era già lì, sonoro, ben pronunciato, affinché tutti lo potessero sentire. Lei, a sua volta, mormorò un 'sì' rassegnato, tanto ormai non c'era più niente da fare. Uno dei testimoni si avvicinò, impacciato: da qualche minuto stava cercando in tutte le tasche di cui disponeva quel dannato astuccio con gli anelli senza trovarlo. Finalmente si ricordò di averlo messo nel taschino della giacca. Con la testa in fiamme („*chi figura ci staiu facennu*[38]") agitato quasi fosse stato lui lo sposo, aprì con mani tremanti l'astuccio e depositò con qualche secondo di ritardo i due anelli sul cuscinetto appositamente preparato per questo scopo. Il prete, più che mai irritato, già sul punto di perdere la pazienza, si guardò intorno, con occhi carichi di biasimo, cercando la comprensione degli astanti („con che gente mi tocca avere a che fare"). Lo scambio degli anelli avvenne senza altri incidenti. Col permesso del sacerdote Peppino posò le sue labbra su quelle di Sara. Era la prima volta: fresche e carnose... due petali di rosa. Si perse di nuovo, smarrito in quel bacio. Si sedettero. Michelangelo Fichera respirò forte, sbuffò tanto da farsi sentire da tutti. „È fatta", pensò e spiegazzando un gran fazzoletto bianco, nel quale si vedevano chiaramente i segni del cassettone dove era stato rinchiuso chissà da quanti anni, in attesa di essere usato per

---

[37]Ci sta ripensando. Vuoi vedere che se n'è già pentito?

[38]Che figura ci sto facendo

una occasione particolare, si asciugò il sudore che nel frattempo gli aveva imperlato la fronte. Il gesto fu puntualmente registrato da tutti con grande benevolenza: quel matrimonio gli era costato un occhio della testa, una stangata colossale anche per un macellaio della sua portata, dalla quale chissà quando si sarebbe ripreso. Si parlava di una dote di cinquantamila lire in contanti, – ma c'era chi affermava si trattasse addirittura di una somma che andava oltre le centomila lire – più tre case, più il corredo a ventiquattro, più una quantità di gioielli, anche quelli della defunta moglie, senza considerare le altre spese.

E tutto perché quell'avventuriero di Michele Spina, sposato e padre di tre figli, suo fornitore di bestiame, gli aveva sedotto la figlia, sotto gli occhi di tutti. Una storia che qualche anno prima aveva fatto il giro della Pescheria. C'era mancato poco che Michelangelo Fichera per tentato omicidio finisse in galera. Per fortuna Michele Spina non aveva sporto denuncia e si era fatto ricucire la ferita da un medico di fiducia. Il macellaio, nonostante la flemma abituale, aveva perso la testa, e chi poteva dargli torto? Se avesse voluto, con un solo colpo di coltello avrebbe potuto mandarlo da Domineddio per via diretta... in fondo era il suo mestiere e a casa sua non mancavano certo coltelli da professionista. Di questo erano convinti tutti. Ma aveva pensato alla povera moglie e ai tre figli che sarebbero rimasti orfani. Non aveva avuto cuore. E lui aveva il cuore tenero. Anche per questo era conosciuto in tutta la Pescheria.

Sara Fichera, dopo quella storia si era chiusa in casa. A lungo non si era più parlato di lei.

E ora questo matrimonio.

Michelangelo Fichera era arrivato in casa a un'ora del tutto insolita. Piombato nella stanza della figlia aveva visto ciò che non avrebbe mai voluto vedere: la coppia a letto, l'uno sull'altra! Nudi, senza nessun pudore, senza uno straccio per coprirsi!

«Vili. Figghiu di bona matri[39]*...»* Volle lanciarsi su di lui, ma quel corpo nudo gli fece schifo. Impossibile picchiare con le mani un uomo nudo. Gli ripugnava. Corse a cercar qualcosa per colpirlo. Trovò la scopa, lasciata sbadatamente dalla serva dietro la porta. E giù botte da orbi. Michele si buttò sulla ragazza per proteggerla. Le prese tutte lui. Michelangelo Fichera, furibondo, di colpo sentì tutto il ridicolo di quella scena. Si fermò, tirò un paio di bestemmie e corse in cucina dove sapeva di avere un coltello, un vero coltello da macellaio. Michele approfittò di quel momento di pausa, afferrò qualche indumento e si precipitò verso la porta di casa: il macellaio fece appena in tempo a ferirlo a un braccio che quello era già fuori.

Sara, rimasta a letto, pudicamente avvolta in un lenzuolo, singhiozzava terrorizzata. Il padre rientrò.

«Mi disunurasti. Disgrazziata!», ansimava. Gli era venuto l'affanno. *«I cammelitani scalzi... ti rinchiudu... tutta a vita*[40]*.»* Poi era crollato su una sedia scoppiando in lacrime. Il cuore batteva selvaggiamente. Un dolore lancinante: il suo primo infarto.

E ora, eccola qui, in tutta la sua bellezza, una Venere di Milo con tutte e due le braccia e un po' di carne in più. Certo Michelangelo Fichera era stato un bel pezzo d'uomo, da giovane; c'era chi lo ricordava ancora, soprattutto quando non era così grasso. Ma la figlia era un miracolo della natura. Non ci si poteva saziare di guardarla, tanto riempiva gli occhi e l'anima di piacere. Ora, poi: un frutto nella piena maturità, al punto giusto per essere addentato. Tutti la ricordavano ancora bambina e poi giovinetta. Un angelo, un cherubi-

---

[39]Vigliacco. Figlio di buona madre...

[40]Mi hai disonorato... disgraziata... dai carmelitani scalzi... ti rinchiudo, per tutta la vita.

no, un fiore di tropicale bellezza, carnale, prorompente. Alla morte della madre, il padre, fin troppo indulgente, avrebbe dovuto metterle un reggimento di guardiani, e non donna Carolina, quella serva sciamannata, che per qualche soldo l'avrebbe venduta al miglior offerente. E questo lo sapevano tutti. Del resto il macellaio, dopo quel fattaccio, l'aveva sbattuta fuori senza neanche ascoltare le sue proteste. Licenziata su due piedi. E bene aveva fatto, questa l'opinione generale.

Nessuno supponeva che Sara si fosse innamorata pazzamente di Michele Spina, che avesse perso la testa per quel bellimbusto, conosciuto da tutti come un rubacuori da strapazzo, e che donna Carolina l'avesse assecondata non certo per denaro, ma per amore. Lo aveva visto di sfuggita, un pomeriggio d'estate: entrando un momento nella macelleria del padre si era quasi scontrata con lui mentre questi usciva. L'aveva solo guardata, un attimo, cercando i suoi occhi, come un ladro. Uno sguardo pieno di sottintesi, di promesse, uno sguardo che penetrò fin sotto la sua pelle. Non capì lei stessa cosa le stesse accadendo. Doveva esserci di mezzo una stregoneria. Una fattura. Non c'era dubbio. Fatto sta che da quel momento non ebbe che un pensiero fisso, giorno e notte.

Un chiodo conficcato nella testa.

Michele Spina, un giorno qui, uno là, con famiglia a Lentini, correva la cavallina come e quando le occasioni si presentavano. Quel bocciolo di rosa, di una bellezza ancora tutta da rivelare, aveva attirato la sua attenzione già da tempo: lui, esperto in fatto di donne, l'aveva adocchiata in quella particolare età acerba che precede la pubertà. E aveva aspettato, impaziente di cogliere il primo frutto. In breve: perse la testa anche lui.

Benché, conoscendo il padre della ragazza, avrebbe dovuto prevedere i pericoli cui andava incontro.

Il chierichetto suonò il campanellino.

Sara abbassò la testa, chiuse gli occhi e si illuse per un attimo che Michele le stesse accanto, inginocchiato al suo fianco. Tre anni che si struggeva di nostalgia.

Si era buttata in quell'avventura come una pazza, travolta da una tempesta che aveva sconvolto la sua esistenza, fino ad allora senza scosse, senza altri avvenimenti se non la passeggiata domenicale col padre lungo la via Etnea fino alla Villa Bellini e ritorno. Una follia per una ragazza come lei. Il ricordo di quell'uomo la fece vibrare ancora una volta di desiderio.

Il suono dell'organo la riportò alla realtà: la marcia nuziale. Questo voleva dire che la cerimonia era finita. Il prete aveva celebrato la messa in modo assai sbrigativo, biascicando fra sé e sé le preghiere latine, tanto nessuno le avrebbe capite, saltando la comunione e affrettandosi come più poteva per abbreviare quella cerimonia non desiderata: anche lui conosceva tutta la storia e alla confessione aveva fatto fatica ad assolverla. Sara aveva dichiarato di non essersi pentita, non solo, ma di non avere nessuna intenzione di dimenticare quel farabutto.

«Disgraziata, vuoi continuare a vivere in peccato mortale?», aveva sussurrato attraverso la grata del confessionale. Nessuna risposta. Piuttosto di malumore le aveva affibbiato allora uno sproposito di Avemarie e Paternostri e senza cerimonie si era ritirato in sacrestia: una svergognata, ecco cosa era.

Ora concluse con un „Ite", e il resto se lo mangiò. Alzò le braccia, le riabbassò e frettolosamente si allontanò dall'altare, per non vedere quella faccia da schiaffi di bella peccatrice non pentita persa in estasi. Lui se ne lavava le mani, questo era chiaro.

La gente aspettava e faceva spalliera. Tutti erano curiosi

di vedere la coppia degli sposi uscire dalla chiesa per godersi lo spettacolo. La sposa molto più alta dello sposo (venti-venticinque centimetri almeno) passò la mano sotto il braccio di Peppino e notò con sorpresa che doveva abbassarsi un poco per raggiungerlo. Provò un primo moto di repulsione verso quell'ometto che le stava accanto. Si avviò assai di malavoglia, come la vittima verso il luogo del sacrificio, seguita dal padre e dai testimoni.

Come non bastasse, ad un certo punto, molto prima di aver raggiunto l'uscita, l'organo smise di suonare. Di colpo. Michelangelo Fichera si infuriò. „*Ma allura ci l'avi cu nui... u fa apposta. Ci voli cupriri di riddiculu.*[41]" E mentalmente fece i conti di come lo avrebbe retribuito: la metà della somma richiesta, ma non pattuita, dato che non era prevista la musica, più un sovraccarico di insulti.

Davanti alla chiesa aspettava una carrozza da nolo: il cavallo era stato bardato con nastri bianchi annodati sulla criniera. Il cocchiere non aveva nastri gialli e non aveva capito il perché di quella richiesta. Sara si fermò un momento abbacinata dal sole, dopo l'oscurità della chiesa. Girò gli occhi intorno, forse cercando qualcuno, trasognata: forse tutta la scena che aveva vissuto fino a quel momento era stato solo un incubo, un sogno assurdo dal quale era necessario svegliarsi, all'istante. Non si accorse della gente che faceva ressa per vederla. Ci fu chi lanciò qualche manciata di riso per augurare felicità e figli maschi, qualcuno gridò perfino „viva gli sposi!", e chissà quanta ironia era sottintesa in quella frase.

Come predisposto in precedenza da Michelangelo Fichera la carrozza partì di volata per condurre gli sposi dal fotografo che li stava aspettando nel suo atelier, nelle vicinanze del Castello Ursino. Seduti in carrozza impettiti, Sara per il busto che la serrava, Peppino per tenere bene in equilibrio il

[41]Ma allora ce l'ha con noi... lo fa apposta. Ci vuole coprire di ridicolo.

cilindro che gli stava un po' stretto, non ebbero la possibilità di scambiarsi neanche un'occhiata d'intesa... intesa di che? Il percorso non fu lungo e tanto meno la seduta dal fotografo; il padre qualche giorno prima aveva preso accordi e si era preoccupato di scegliere lo sfondo davanti al quale si sarebbero messi in posa: una scena antica, colonne spezzate, un tempio greco in lontananza, grossi blocchi di marmo sparsi qua e là fra l'erba. Rovine artistiche.

Scegliendo questa tela aveva fatto qualche associazione col futuro della propria figlia?

Il fotografo apprestò un panchetto per lo sposo, allo scopo di equilibrare la disuguaglianza di statura della coppia e vi drappeggiò sopra la coda del vestito della sposa. Perfetto, non si vedeva niente. Dopo essersi dato un gran daffare con aria d'importanza, canticchiando, anzi borbottando un motivetto alla moda, infilò alcune volte la testa in una specie di manica nera per fissare bene l'obiettivo e alla fine impartì tre ordini perentori.

«Attenzione. State fermi. Sorridete!», e il flash scattò con uno scoppio improvviso. Peppino tutto il tempo aveva rimuginato tra sé e sé quale espressione sarebbe stata opportuna per una fotografia così impegnativa. Finì che al momento del via, ancora indeciso sul da farsi, si irrigidì mettendosi sull'attenti, il viso duro, serio. Sara, confusa, anche lei non abituata a mettersi in posa, abbozzò un mezzo sorriso imbarazzato, forse un po' sciocco. Rimasero così, fissati sulla carta, inconsapevoli della irripetibilità di quel momento, ma anche della veridicità di quelle espressioni di certo non previste, che però descrivevano meglio di ogni altra la loro autentica situazione.

Anche questa era fatta. Ancora frastornati dall'andirivieni del fotografo e dallo scoppio del flash, scesero precipitosamente le scale – il cosiddetto atelier era una piccola stanza in un appartamento al primo piano di un palazzotto fatiscente, le scale maleodoranti, sporche di immondizia varia –

e si ritrovarono sulla strada, alla luce accecante di quella bella giornata di fine estate. La stessa carrozza li portò a casa della sposa dove li aspettava un modesto rinfresco; i quattro invitati, un bicchierino in mano, la bocca piena di pasticcini, brindarono subito alla loro salute e alla felice unione. Nonostante il rosolio bevuto più o meno a digiuno, non si riusciva a stabilire un'atmosfera un po' sciolta, di leggera contentezza. L'aria era pesante, nessuno osava fare i soliti scherzi un po' osceni, e ancora meno qualche allusione alla prima notte... in conclusione, una festa che avrebbe potuto essere scambiata per un funerale, tanta era la preoccupazione di ognuno di non lasciarsi scappare una parola fuori posto.

Gli sposi non ebbero neanche il tempo di bere una limonata perché in fretta e furia dovettero cambiarsi d'abito. La carrozza intanto veniva caricata delle due valigie, già preparate in precedenza, e via per la stazione. Ci fu giusto il tempo per un frettoloso bacio sulla mano del padre che tanto per salvare le apparenze benedì anche il novello sposo.

Il treno, proveniente da Siracusa, era già in stazione. Sul marciapiede una gran confusione di gente che arrivava e che partiva; per fortuna Peppino aveva provveduto a far comperare i biglietti da un suo scagnozzo di mattina presto, prima ancora della cerimonia. Con tutto comodo, tanto il treno avrebbe aspettato ancora un po', salirono in un vagone di prima classe: data la giornata, unica nella vita, aveva pensato di fare onore alla sposa con un viaggio di lusso. Soldi ne aveva ricevuti a sufficienza, il suocero quella mattina stessa gli aveva fatto pervenire a parte una busta per le spese di viaggio, suo particolare regalo di nozze. Scelse uno scompartimento vuoto. Si sedettero accanto al finestrino, uno di fronte all'altra. Sara sospirò forte: di sollievo, o soltanto per tutte le agitazioni avute fino all'ultimo momento? Non lo avrebbe saputo dire neanche lei. Dopo qualche minuto si slacciò i bottoni della giacca, la stringeva troppo: aveva ragione la sarta, pensò, sarebbe stato necessario allargare tutte le cuciture prima di passarla a macchina, ma lei si era opposta, convinta che sarebbe dimagrita di qualche chilo ancora prima del matrimonio. Cosa che non era accaduta. A lei l'appetito non era mancato mai, neanche nei momenti più drammatici della sua vita.

La pettorina della camicetta di seta bianca coperta di pizzi fece mostra di sé. Fu come aprire un flacone di profumi: un intenso odore di donna misto a essenze varie in cui dominava la tuberosa si sprigionò da quel corpo leggermente sudato, invadendo lo scompartimento. Lo stesso profumo pesante, avvolgente, che era rimasto sospeso nell'aria, nel negozio di cereali, dopo la sua prima visita. Peppino lo riconobbe subito.

Con un gesto voluttuoso delle braccia, un gesto evidentemente a lei naturale, si tolse lo spillone che fissava ai capelli il grande cappello di leggerissima paglia nera: le ali di un uccello bianco e nero che sovrastava il cappello palpitarono un momento, nel vano tentativo di spiccare il volo. Peppino osservava affascinato tutti i movimenti di quella creatura che gli stava seduta davanti, quasi non potesse credere ai propri occhi. Non si accorse nemmeno che il treno si era messo in movimento e si allontanava ormai dalla stazione. Sara depose il suo meraviglioso cappello sul sedile accanto, rimasto vuoto, aggiustò la veletta vaporosissima e si girò verso il finestrino, passandosi leggermente una mano sulla testa per rimettere in ordine qualche ricciolo fuori posto. La massa di capelli castano chiaro, con l'attaccatura dorata della bambina bionda, era mollemente raccolta dietro la nuca. Una scriminatura divideva in mezzo la pettinatura e due bande ondulate scendevano ai lati del viso, scoprendo appena appena il lobo delle orecchie, due orecchie di forma delicatissima, ornate da due zaffiri che scintillavano a gara con gli occhi azzurri, porcellanati, grandissimi, trasparenti come due laghi di montagna.

Peppino la fissava incantato. Aveva intravisto durante le sue fuggevoli visite quei capelli, quegli occhi, tutto quel viso dai lineamenti incredibilmente perfetti. Ora non riusciva a saziarsi. Pensò che avrebbe potuto guardarla fino alla fine dei suoi giorni senza saziarsi mai. Sara appoggiò le mani in grembo e lui notò che aveva quattro deliziose fossette sul dorso di ogni mano. Avrebbe voluto baciare ogni singola fossetta. Contò otto baci e mentre mentalmente copriva di baci sempre più furiosi quelle belle manine bianche di bambina grassottella, si confuse. „Se qualcuno mi avesse detto che una donna avrebbe potuto farmi girare la testa fino a questo punto, gli avrei riso in faccia. Gli avrei detto che era un pazzo, un asino... e invece l'asino sono io." Peppino P., arrivato alla bella età di quarantasei anni, non aveva mai avuto testa per queste cose, neanche da giovane. Per lui l'amore era una malattia che appestava solo gli altri, una perdita di tempo o forse un'occupazione per gente che non ha altro da fare, in ogni caso da evitare, da tenere alla lontana. Qualche avventuretta sì, ma passeggera, non impegnativa, e neanche troppo costosa, solo per soddisfare certi istinti naturali, niente di più. Da qualche tempo aveva meditato di metter su famiglia anche perché, avanti con gli anni, aveva cominciato a sentire il peso della solitudine. Un matrimonio, una donna assennata, ragionevole, con una buona dote. Dei figli. Ecco quanto vagheggiava. L'avrebbe rispettata, col tempo si sarebbe abituato, forse le avrebbe anche voluto bene. Questa storia invece lo aveva colto di sorpresa, lo aveva aggredito direttamente alle viscere, rubandogli la pace, il sonno... aveva perso anche l'appetito! Da quando l'aveva vista al negozio non aveva fatto altro che pensare a lei, come uno scimunito. La mediatrice di matrimoni gli aveva mostrato una fotografia di Sara; aveva notato subito la bellezza della ragazza, la sua giovinezza, ma non se ne era dato pensiero. La dote era molto interessante e per un uomo come lui questa era la cosa che contava di più. Ora sentiva oscuramente di essere diventato schiavo di quella donna, di essere legato a lei mani e piedi, senza scampo: il tocco leggero di quelle labbra era stato un suggello definitivo. Il ricordo di quel bacio gli provocò un subitaneo capogiro quasi avesse intravisto per un attimo abissi profondi nei quali avrebbe potuto precipitare. Desiderò baciarla, ora, subito, selvaggiamente, divorarla di baci, morderla, strapparle i vestiti di dosso e, perché no, violentarla, annientarla... Sara percepì quasi fisicamente il peso di quegli occhi indiscreti; si sentì frugare senza pudore in ogni parte del proprio corpo; indovinò quel desiderio brutale di denudarla, di possederla:

«Pirchì mi taliati cu tanta nsistenza?[42]», e lo fissò un momento con decisione, diritto negli occhi, forse per la prima volta da quando lo conosceva. Distolse subito lo sguardo. Quello che vi lesse la turbò, anzi la spaventò. Un leggero rossore salì dal collo fino alle guance: da quell'ometto non si era aspettata tanto fuoco e soprattutto tanta aggressività.

Peppino a quella voce molle di donna bella, alla quale non si era ancora abituato, sentì il sangue pulsare tempestosamente alle tempie, il cuore in gola. Inghiottì a fatica. Infine riuscì a farfugliare:

«Quantu si bedda![43]» Sara ancora più confusa si volse di nuovo verso il finestrino e guardò fuori con esagerata attenzione. Il treno correva lungo il mare, mandando ogni tanto dei fischi e lasciando dietro di sé una lunga scia di fumo. Si intravedevano gli scogli, qualche barca, lontano, e le onde che con respiro regolare, profondo, quasi il respiro di un mostro immenso, si riversavano sulla costa, a pochi metri dal binario. Era la prima volta che andava in treno, il suo primo viaggio in generale. Non si era mai mossa dalla propria città neanche per fare una gita nei dintorni. Il padre era

[42]Perchè mi guardate con tanta insistenza?
[43]Quanto sei bella.

un tipo molto casalingo: per lui esisteva solo la macelleria e la sua casa e dopo quella storia poi, non l'aveva portata neanche alla villa Bellini, e tanto meno da Caviezl.

Da donna sposata avrebbe potuto godere di una maggiore libertà, così sperava: sarebbe uscita, accompagnata dalla serva; si sarebbe abituata a fare qualche passeggiata col marito; magari andare al cinema o allo spettacolo di varietà: ne aveva sentito parlare, ma non sapeva neanche che cosa fosse. Certo il prezzo era molto alto. Lo sconosciuto che le stava seduto davanti e che se la stava mangiando con gli occhi non prometteva niente di buono. Quasi a comando, lacrime silenziose scesero lungo le guance bagnandole la pettorina della camicetta. Tirò fuori dalla borsetta un minuscolo fazzoletto tutto ornato di trine e si soffiò rumorosamente il naso. Peppino si inquietò:

«Chi hai? Ti senti male?»

«Pensu a mi patri», balbettò, «*ora arristau sulu*[44]*.*» Ma era chiaro che non si trattava del padre. Quelle lacrime riguardavano solo lei e quel Michele Spina che non riusciva ancora a togliersi dalla testa: alto e magro, nero di capelli e di baffi, un filo nero sul labbro superiore che metteva in evidenza la linea della bocca sensuale, le guance incavate:

«Chi fai, non mangi?», gli aveva chiesto una volta, e lui:

«È a passioni ca mi mangia l'anima[45]*»,* e ne avevano riso insieme. Questo Peppino era ben nutrito, minuscolo, quasi senza capelli, con un gran paio di baffi grigi che cercavano di supplire ai capelli mancanti. Ma era una brava persona, così l'aveva rassicurata il padre, l'avrebbe rispettata. Non le avrebbe fatto mancare niente. E in ogni caso lui stesso l'avrebbe protetta, che non lo dimenticasse mai.

Michele però le aveva fatto conoscere l'estasi. „Voglio baciare ogni piccola parte della tua pelle, ogni pezzettino di que-

[44]Penso a mio padre. Ora é rimasto solo.
[45]Che fai, non mangi? È la passione che mi mangia l'anima.

sto corpo meraviglioso, dalla punta di questi piedini di zucchero fino alla cima dei capelli che hai rubato a un angelo..." in ginocchio davanti a lei, nuda, prostrato in adorazione come davanti a una dea: così lo ricordava ancora. Lui le aveva dato coscienza del proprio corpo, della sua bellezza prorompente e, perché no, del proprio potere sugli uomini. Fino ad allora era vissuta all'oscuro di tutto. Un bel pezzo di carne con due occhi meravigliosi, niente di più. Con lui aveva conosciuto la vertigine, lo smarrimento dell'amore appagato, l'euforia travolgente, le risate luminose senza motivo, solo di gioia, gioia e niente altro. Michele era stato il risveglio alla vita dei sensi, al piacere di avere un corpo, di essere donna.

Alla stazione di Taormina presero una carrozzella di piazza e si fecero portare in paese. Peppino neanche lui esperto di viaggi, cercò di fare la parte dell'uomo di mondo: chiese al cocchiere di accompagnarli in un albergo elegante, di prima categoria, con vista sul mare. Salirono in camera e Sara, per la prima volta sola con lui, temette per un momento che appena chiusa la porta Peppino, senza fare tante cerimonie, le sarebbe saltato addosso. In treno aveva già pensato a come avrebbe reagito. Voleva essere rispettata, non avrebbe permesso nessuna insolenza o brutalità. E invece fu tutto il contrario: rispettosissimo, sempre più riservato, le chiese se trovasse la stanza di suo gradimento. Questo atteggiamento la disorientò un poco; chiese quasi timidamente se doveva disfare le valigie, mettere la roba a posto. Lui disse di fare come voleva. Sara si diede un po' da fare, lenta, indecisa su ogni capo da sistemare, sempre più confusa, non sapendo se aprire anche la valigia del marito, che in fondo era un estraneo. Nel frattempo Peppino andò sulla veranda e si sedette un momento per ammirare il panorama. In realtà non vedeva niente, la testa nella stanza, intento a origliare, a spiare ogni più piccolo rumore di passi, l'aprirsi e chiudersi di sportelli, cassetti, per cercare di indovinare i movimenti, i gesti della donna che andava su e giù, appena appena indaffarata. Finalmente, e gli parve un secolo, uscì anche lei sulla veranda per dare un'occhiata al panorama:

«Chi beddu[46]*...»,* disse giungendo infantilmente le mani. Il suono di quella voce lo rimescolò di nuovo. Non c'era che dire, uno spettacolo di grande bellezza. Il mare di un intenso verde scuro si schiariva verso l'orizzonte; il sole, una palla rossa di fuoco che si tuffava nell'acqua scomparendo a vista d'occhio... un tramonto da cartolina illustrata. Dopo qualche minuto Sara disse:

«Ho fami. Non aviti fami vui?[47]*»* Non avevano mangiato tutto il giorno, non ce ne era stato il tempo. Inoltre l'agitazione per tutti gli avvenimenti che si erano accavallati uno sull'altro aveva tolto loro l'appetito. Ora lo stomaco protestava con decisione. Scesero al ristorante dell'albergo, benché non fosse ancora l'ora di cena: con sorpresa notarono che quasi tutti i tavoli erano occupati. Così presto! Di solito loro non cenavano mai prima delle nove. Appena seduti a un tavolo, dove li aveva guidati un cameriere assai cerimonioso, si accorsero di avere dei vicini stranieri, anzi sembrava che tutto il ristorante fosse pieno solo di stranieri; parlavano una lingua incomprensibile che non era arabo, questo almeno era chiaro, ma qualcosa d'altro, forse inglese, ad ogni modo qualcosa di molto complicato. Sara si guardò intorno intimidita: un salone addobbato con ori, specchi, velluto rosso, lampadari di cristallo. Non aveva mai visto niente di simile. E poi, che eleganza! Le signore pareva che dopo cena dovessero andare tutte a teatro o a un ballo. Peccato, aveva sprecato un'ottima occasione. Avrebbe potuto mettere in mostra uno dei suoi sontuosi vestiti preparati appunto per il viaggio di nozze. Ora se ne stava seduta con la sua giacca da viaggio che aveva sbottonato, affinché si vedesse almeno la

---

[46]Che bello

[47]Ho fame. Non avete fame, voi?

camicetta impreziosita da mille pizzi. Di colpo però decise di togliersi la giacca: la camicetta aveva enormi maniche a sbuffo, pensò, senza contare il seno rigoglioso che avrebbe fatto impallidire d'invidia tutte quelle straniere magre come stecche.

„Domani sera, vedrete...", si ripromise.

Il cameriere, sempre più sussiegoso, portò la carta delle vivande. Un braccio dietro la schiena in attesa di ordini, pensò con malcelato disprezzo: „i soliti bottegai in viaggio di nozze... ma danarosi, questo è chiaro." Peppino impacciato, insicuro, si fece consigliare da lui: antipasti, primo piatto, pesce alla griglia, sorbetto al limone e una bottiglia di vino. Peppino aggiunse :

«Rosso.» Il cameriere non poté evitare di alzare un sopracciglio. A bassa voce, quasi non avesse capito bene, chiese:

«Il signore ha detto rosso?» Peppino confermò, meravigliandosi a sua volta. Il cameriere si allontanò scuotendo la testa, con discrezione. „Vino rosso, col pesce!" E gli portò subito un vino di un'annata assai pregiata, un vino che quasi non si poteva inghiottire tanto era pastoso, pesante, quasi tutti gli anni che era rimasto in cantina pesassero su ogni goccia, su ogni sorso. Sara ne prese giusto un dito, non essendo abituata a bere alcolici. Lo bevve a stomaco vuoto e subito le andò in testa. Sorrise imbarazzata e si mise a mangiare. L'appetito non le mancava e i cibi erano squisiti. Dopo le prime portate si guardò in giro: sentiva gli occhi degli uomini dietro la schiena, di lato, davanti. Anche sugli stranieri aveva fatto colpo, non c'era dubbio. Ne fu soddisfatta.

Alla fine della cena Peppino si accorse di essersi scolato tutta la bottiglia di vino. Quel cameriere superbioso, con la puzzetta sotto il naso, era venuto ogni volta a riempirgli il bicchiere senza neanche chiedere il permesso; e lui stupidamente aveva bevuto senza pensare, sempre gli occhi fissi sulla persona che gli stava seduta di fronte, e meno male che non si era accorto degli sguardi piuttosto indiscreti degli uomini in sala. Magari avrebbe reagito con troppa energia. Più tardi non ricordò niente di quella cena. Appena però vide la bottiglia vuota sentì di essere ubriaco: anche lui era abituato a non bere più di un bicchiere, al massimo due, per ogni pasto. La testa confusa, si accorse che le gambe si rifiutavano di reggerlo in piedi. „E adesso che faccio?" pensò, non sapendo a che santo votarsi. A Sara disse, muovendo a fatica la lingua impastoiata, di andare in camera. Voleva fare quattro passi per sgranchirsi le gambe, aggiunse. Prima di uscire dall'albergo ordinò ancora un caffè, per tenersi sveglio.

Sara salì in camera e subito si affacciò sulla veranda; ormai era buio pesto, del mare si indovinava solo la presenza. Il cielo senza stelle, la luna tardava a farsi vedere. Rientrò e lentamente cominciò a svestirsi. Indossò la camicia da notte pronta da chissà quanti anni nella cassa della sua biancheria. Quante volte l'aveva palpeggiata con le mani pensando a Michele che non l'avrebbe mai vista con quella nuvola di sogno addosso. Con Michele non aveva mai dormito, e non c'era mai stato il tempo di indossare una camicia da notte: giusto quei pochi secondi necessari per strapparsi i vestiti di dosso. I loro incontri furtivi, sempre di giorno, erano stati assai tempestosi, improntati dalla fretta, dal desiderio urgente, dal timore che arrivasse qualcuno – e di nuovo rivide quella terribile scena col padre, gli urli, le botte, le minacce.

E ora proprio quel Peppino l'avrebbe vista avvolta in veli e trine destinati a ben altra persona. Si mise a letto e nonostante i pensieri molesti, i ricordi penosi, ebbe una sensazione di benessere come di animale sazio, soddisfatto. La stanchezza, il pasto squisito, più che abbondante, il bicchiere di vino che si era lasciata convincere a bere fra un boccone e l'altro, le emozioni della giornata, il viaggio: tutto svanì. Si addormentò pesantemente.

Qualche ora dopo Peppino, dopo aver fatto una lunga passeggiata nella cittadina solitaria, dove non girava anima viva, rientrò in albergo e vide con sorpresa che le stesse persone incontrate a cena se ne stavano sedute intorno a tavoli verdi, le carte in mano, intenti a giocare, nel più completo silenzio. Strana gente sfaccendata, pensò, e si avviò verso la sua stanza. Bussò con discrezione alla porta e non sentendo nessuna risposta sgattaiolò dentro come un ladro, il cuore in tumulto. Fu accolto da un leggero russare che lo intenerì oltre misura: Sara, quella dea di angelica bellezza, russava! Stranamente quel segno di umanità ma anche di debolezza lo calmò. In punta di piedi entrò, si spogliò lasciando cadere i vestiti per terra e si infilò fra le lenzuola fresche di bucato.

La mattina assai presto, dopo una notte che sembrava aver sconvolto una volta per tutte l'equilibrio della sua vita, Peppino si era alzato come uno che scopre di aver dormito nel letto sbagliato, nella stanza di una sconosciuta. Si era vestito in fretta senza un solo pensiero nella testa, raccogliendo la sua roba dal pavimento. Piano piano, per non svegliarla, aveva poi aperto la porta della veranda ed era uscito fuori.

Lei aveva sentito tutto facendo finta di dormire: non aveva voglia di alzarsi, di vederlo, di parlargli, di sentire la sua voce. A letto, da sola, le sembrava di avere una tregua, di disporre ancora di se stessa, dei propri pensieri. Ma anche di liberarsi dalla nausea, dal disgusto di quella notte: avrebbe voluto cancellare tutto dalla sua memoria, dal suo corpo.

Finalmente si alzò andando subito a chiudersi nella stanza da bagno, forse per lavare i segni di quelle mani, di quella bocca che puzzava di vino, per togliersi di dosso quell'odore di uomo che neanche in occasione della prima notte di nozze aveva sentito il bisogno di prendere un bagno.

Qualcuno bussò con discrezione alla porta, un vassoio in mano chiedendo il permesso di entrare: la colazione. Chi l'aveva ordinata?

Uscendo a sua volta sulla veranda, dove su un tavolino era stata servita la colazione, lui non ebbe una parola di saluto per lei, non un sorriso; l'aveva solo guardata come si guarda una sconosciuta.

Ora, seduti su due poltroncine di ferro battuto laccato di bianco, assai decorative ma scomode, Peppino non staccava gli occhi da quella misteriosa creatura vestita o meglio svestita in un negligé mozzafiato che lasciava indovinare forme di perfezione marmorea.

No, non era illibata, se ne era accorto subito. E del resto lo sapeva, il suocero glielo aveva detto durante le prime trattative, senza mezzi termini, senza dare altre spiegazioni. Perché allora si mordicchiava le unghie sempre più nervoso? Perché si sentiva in qualche modo ingannato, preso in giro, truffato? Ribolliva, gli sembrava di scoppiare, era solo questione di secondi, lo sentiva, poi sarebbe esploso. Ma non voleva, una specie di ritegno, di timore lo tratteneva ancora: confusamente sentiva che avrebbe preferito non sapere.

Ma si trattava solo di vigliaccheria, ne era cosciente e si insultò, si disprezzò: avrebbe dovuto informarsi prima, chiedere spiegazioni invece di chiudere le orecchie ogni volta che si faceva il nome di Sara Fichera; ora non gli restava altro che mordersi le dita. Non era assurda la sua gelosia, addirittura fuori luogo, ridicola? Cosa avevano predicato i fratelli da mesi? E lui testardo. Niente, il passato non conta, aveva detto, quel che è stato è stato. Ora che voleva? La botte piena e la moglie ubriaca. Non per niente Michelangelo Fichera aveva sborsato tutti quei quattrini: era stato comperato, questo il punto! Si era lasciato abbindolare come un allocco, non solo, ma si era perfino innamorato. Il colmo della stupidità.

Sentì qualcosa esplodere dentro di lui, una rabbia nuova, sconosciuta a lui, uomo assennato, ragionevole, privo di passioni. E alla rabbia si univa un impulso anch'esso nuovo e tremendo: avrebbe voluto annientare la persona che gli provocava tali conflitti, sì, ucciderla, farla a pezzi, distruggerla, eliminarla dalla sua vita, dal mondo. Strinse i pugni e non riuscendo più a frenarsi:

«Ti pigghiau di forza?[48]*»,* chiese a bruciapelo, con voce rauca, quasi sussurrando.

Sara stava bevendo il caffè ammirando il panorama alla luce del sole, del tutto ignara della lotta che si stava svolgendo nella testa del marito. Nonostante l'assalto notturno cui si era assoggettata passivamente, nonostante l'umiliazione, il disgusto per quell'amplesso violento di uomo non abituato alla tenerezza, all'affetto, al rispetto per l'altro, assaporava il suo caffè, la testa svuotata di tutto, come una malata convalescente.

Queste le sue prime parole: „ti ha preso di forza." Sara sussultò e quel sorso di caffè le andò di traverso. Posò lentamente la tazzina sul piattino, senza dir nulla: si era aspettata quella domanda? Forse non si era aspettata nessuna domanda, chiusa in un bozzolo di indifferenza verso quell'uomo, verso la sua vita futura, verso tutto in generale.

„Amore mio grande. Mia Dea. La mia vita è un terremoto senza di te..." Una lettera di Michele dopo la forzata separazione. La sapeva tutta a memoria.

Peppino continuava a fissarla, in attesa: lui aveva già bevuto il suo caffè, amaro come sempre e ne sentiva ancora il gusto in bocca.

«No voi rispunniri?[49]*»,* sibilò fra i denti. Quanto odio in quelle due parole, quanto veleno. Sara guardava il mare, assente, lontana da quel luogo, ma sentì la forza di quell'odio lì, vicino a lei, e ne fu annientata. Questo improvviso cambiamento non se l'era aspettato. Prima la bramosia ributtan-

---

[48]Ti ha violentato?

[49]Non vuoi rispondere?

te di animale in calore, e ora l'odio tutto umano e non per questo meno spaventoso: quale delle due varianti avrebbe preferito? Il mento, le belle labbra tremarono un momento, impercettibilmente.

„Gioia, sorriso della mia vita, mio fiore profumato, tuberosa dei miei desideri. Quando potrò rivederti? Mi è stato detto che ti stai sposando. Mi hai dimenticato? Io no, ti penso giorno e notte. Mi basterà un cenno, un piccolo segnale e correrò da te, mio angelo, dovunque tu sia."

Infine, sempre guardando lontano:

«No», disse, scuotendo testa e la voce fu più un sospiro che un suono vero e proprio.

Violenza legalizzata

Dal matrimonio di Sara Fichera e Peppino P. nacquero tre bambini: Michelangelo alla fine di agosto del millenovecentoventitré, Elena nel giugno dell'anno seguente ed Isabella esattamente dieci mesi dopo. Sara, all'età di ventotto anni, sformata, slargata, sfiorita dalle continue gravidanze, decise di mettere il punto. Appena si rimise in piedi, dopo l'ultimo parto, senza avvertire nessuno, di buon mattino si precipitò dal padre, in macelleria, anche se sapeva che per vecchi motivi familiari le era stato proibito una volta per tutte di farsi vedere in quel luogo. Non entrò infatti, ma restò davanti alla porta, aspettando che il padre dall'alto del suo bancone di vendita la vedesse. Qualche minuto dopo sentì alle spalle la voce del garzone, uscito dalla porta di dietro per non dare nell'occhio. In tono stranamente confidenziale (cosa che fra l'altro la urtò oltre misura) le sussurrò di andar via: il padrone non voleva vederla in negozio e lei sapeva perché. Sara sorpresa e infuriata lo prese per la collottola e quasi di peso se lo mise davanti. Il ragazzo, piccolo e mingherlino, un mucchietto di stracci rattoppati da far pietà, si lasciò sollevare come un pupazzo:

«Devi dire al padrone che se non vuole che faccia uno scandalo, deve uscire subito. Hai capito bene? Digli che devo parlargli, e subito.» E lo ricacciò dentro il negozio. Il garzone conosceva poco la figlia del padrone, non sapeva che non sopportava di essere provocata dai sottoposti e che quel giorno in particolare aveva la luna di traverso. Qualche minuto dopo, appena fu uscito l'ultimo cliente, Michelangelo Fichera, grande e grosso come sempre, si affacciò sulla porta del negozio, asciugandosi ancora le mani nel grembiule macchiato di sangue.

«Che c'è? Era necessario venire fino a qui? Non potevi mandare qualcuno per avvertirmi? Avevo intenzione di venire a vederti questa sera...» Sara lo interruppe impaziente:

«Voglio parlare con voi a quattrocchi, subito e senza testimoni.» Il padre sgranò i grandi occhi di bue, azzurri come quelli della figlia ma senza il fascino di quelli, e si grattò la testa.

«Perché tanta furia? Non possiamo parlarne dopo? C'entra di nuovo Peppino?» Ed era già scontento: ogni volta che c'era in ballo il genero a lui toccava sborsare quattrini, ormai lo sapeva. La figlia subito, come punta da una vespa:

«C'entra. Eccome se c'entra, e c'entra fin troppo!» Il padre si guardò intorno dato che la figlia cominciava ad alzare la voce, tirò faticosamente fuori dalla tasca dei pantaloni un cipollone di orologio, lo guardò inquieto:

«A quel ragazzo non posso lasciare il negozio. È un buono a nulla.» Si grattò di nuovo la testa indeciso. «Non possiamo rimandare a dopo? Adesso la gente viene a fare la spesa... Diciamo che vengo a pranzo da voi.»

«Ho detto che non voglio testimoni.» Sara lo guardò fermamente negli occhi e il padre capì che non c'era niente da fare: quella figlia riusciva sempre ad avere la meglio su di lui. Chiamò il ragazzo e mentre abbassava la saracinesca gli disse di piantarsi davanti al negozio e di dire ai clienti che sarebbe tornato fra pochi minuti. A due passi c'era la casa dove avevano abitato insieme fino a qualche anno prima. Aprì il portoncino e salirono le scale in silenzio, uno dietro l'altra. Non era neanche entrata in casa che Sara sbottò:

«Se non la smette di farmi fare un figlio all'anno io lo lascio e me ne torno da voi.» Michelangelo Fichera sbuffando per la fatica delle scale, andò subito in cucina e crollò sulla prima sedia che gli capitò davanti. Era pesante e lento, non solo fisicamente.

«Siediti e calmati. Che è successo? Raccontami tutto con calma.» Sara non aveva nessuna voglia di calmarsi, tutt'altro: lei, per carattere abulica, indolente, fatalista, era uscita dai gangheri. Definitivamente. In quei pochi anni aveva accumulato una tale quantità di astio e, perché no, di odio, inghiottendo veleno, giorno e notte, sopportando e tacendo fino a soffocarne, che ora voleva solo urlare. Urlare tutto il suo disgusto, la sua delusione; piangere, fare una grande scenata per ritrovare finalmente la propria dignità di donna, decisa a non sottomettersi più alle umiliazioni, alle offese di colui che davanti a Dio aveva giurato di amarla, rispettarla, proteggerla.

«Lui vuole ogni sera... ogni notte la stessa aggressione, la stessa violenza... da quattro anni. Non ne posso più... e non lo fa per amore, no no, questo non è amore: mi vuole torturare, distruggere; vuole farmi soffrire, farmi del male. Lui non sa neanche che cosa sia, l'amore. Se potesse, mi ucciderebbe, me lo ripete ogni notte... ma è troppo vigliacco per farlo, dice che non vuole finire in prigione per colpa mia! Mi ha odiato fin dal primo giorno, anzi fin dalla prima notte di nozze... a Taormina. Mai dimenticherò quella notte e i suoi occhi carichi di odio... la mattina dopo, sul balcone dell'albergo. Mai nessuno mi aveva guardato così.» Michelangelo Fichera la fissava senza capire una parola:

«Come sarebbe a dire: ti odia... ti ha sempre odiato! Cristo, perché ti ha sposato, allora? Non posso essermi ingannato fino a questo punto. Era innamorato di te come un giovanotto alle prime armi... chiunque lo può testimoniare. E tu dici che ti odia! Che ti fa? Ti tratta male? Ti manca di rispetto?»

Certo durante la sua vita ne aveva sentite tante. Gli uomini a volte possono avere delle voglie singolari, questo lo sapeva anche lui, un po' fuori dall'ordinario. Ma poi, cos'è 'ordinario'? In fondo nell'intimità della sua stanza ogni uomo può fare quello che vuole. Senza contare che il suo cervello faceva già fatica a immaginare cosa fosse normale, figurarsi se poteva perdersi in sottigliezze tipo: la differenza fra normalità e degenerazione... A queste cose non aveva mai pensato. Lui era sempre stato un uomo tutto casa e bottega, non si era mai posto problemi di questo genere e ora la figlia lo confrontava con realtà astruse, del tutto incomprensibili.

A lui, poi, non piaceva parlare di cose intime con nessuno, e meno che mai con la figlia. Fosse vissuta ancora la moglie sarebbe stato tutto molto più facile. Rifletté un poco, dato che Sara, ingrugnata, non si decideva a rispondere, infine cauto:

«Sei andata dal parroco? Ti sei confessata, hai chiesto consiglio?» Sara esplose:

«Sì che ci sono stata. Ha detto che devo fare il mio dovere per amore di Dio. Ha predicato che le femmine devono soffrire per via del peccato originale, che dobbiamo fare penitenza... se n'è venuto con la storia del Paradiso terrestre, il serpente, la mela e non so che altre colpe! Conclusione: devo obbedire a mio marito perché sono la sua costola, figurati, la costola di quel disgraziato, di quel nano... sottostare alla sua volontà, essere modesta, sottomettermi senza protestare: questa è la legge voluta da Dio, ha detto, proprio così: „voluta da Dio." Ma io di questa legge non so che farmene. A casa mia, nel mio letto non mi lascio sopraffare da nessuna legge. Io non sono la costola di nessuno e tanto meno di quella carogna. Una costola! Voi dovete parlare con lui. Se non la smette, giuro che lo lascio, mi porto via i bambini e torno a casa mia.» Il povero Michelangelo Fichera, travolto da quella lunga tirata e stupito dalle parole della figlia, parole che aveva capito solo in parte, sentì che doveva intervenire con tutta la sua autorità paterna.

«Un momento, questa non è più casa tua. Adesso tu hai una famiglia e devi stare con tuo marito.»

«Va bene, se voi mi costringete a stare con lui, lo avveleno, lo ammazzo, me lo levo di torno...»

«Calmati, non dire sciocchezze. Tu non ammazzi nessuno. Mi vuoi mettere nei guai? Ragioniamo. Che ti fa? Lo puoi dire a tuo padre?» Sara allora scoppiò in singhiozzi. Il padre finalmente notò il suo viso distrutto, gonfio, malsano; il corpo pesante, grasso, disfatto; il vestito in qualche modo slabbrato, scuro, neanche fosse stata una vecchia: dov'era la giovane donna elegante, bella, che ancora qualche anno prima aveva fatto girare la testa a ogni uomo che l'avesse anche guardata, che metteva gioia al solo vederla? Sara sentì che il padre cominciava a intenerirsi e approfittò del momento per passare subito alla seconda scena: sempre piangendo si abbatté sulle sue ginocchia, le braccia intorno al collo, come quando bambina cercava consolazione sull'ampio petto paterno.

«Mi violenta ogni notte. Mi fa sempre tanto male finché si stanca. Se non mi sottometto alle sue maialate mi picchia con quelle manacce... Ha una forza incredibile, quell'omuncolo, mi dà calci, pugni. Prende anche la cintura dei pantaloni. Ho tutto il corpo pieno di lividi. Guardate, guardate», e si scoprì una spalla, alzò la camicia dietro la schiena affinché il padre potesse vedere i segni delle percosse. «Anche adesso, questa notte lo ha fatto, e ho partorito soltanto da una settimana. Che si prenda un'amante, che si sfoghi con un'altra, io non lo voglio più nel mio letto. Non lasciatemi nelle sue mani, ho soltanto voi, sono il vostro sangue... Oppure volete che mi tolga la vita io stessa, con le mie mani, qui, davanti a voi?»

Il padre continuava a non capire. In realtà era la prima volta che sentiva una storia simile: quando mai una donna ha protestato per qualche schiaffo, un rabbuffo del marito... e da che mondo è mondo una moglie non ha mai negato al marito i suoi sacrosanti diritti, voluti da Dio: che figlia era quella? Tirò fuori dalla tasca dei pantaloni uno dei suoi fazzolettoni, con un pesante odore di carne macellata e qualche macchia di sangue e tentò di asciugare le lacrime dalla faccia della figlia. Sara, che conosceva molto bene quei fazzoletti, si scostò leggermente e prese uno straccetto pieno di trine che teneva infilato nella manica del vestito. Si asciugò il viso aspettando una reazione, una parola qualsiasi. Niente. Il padre era ammutolito, sprofondato in serie riflessioni. Allora si alzò decisa.

«Non mi credete? Volete vedere il corpo martoriato di vostra figlia...? Mi spoglio qui, davanti a voi.» Il padre imbambolato la fissò senza una parola, poi scosse la testa in segno di diniego: aveva il cuore troppo tenero, lui, non poteva vedere soffrire una donna. Non aveva mai messo le mani addosso alla buonanima della moglie, e a lei poi... la sua bambina bella, l'invidia di tutto il quartiere, neanche a pensarci.

E poi ce ne voleva prima che gli si scaldasse il sangue.

Sara smise di correre per la cucina, si fermò di botto e si lasciò cadere sulle ginocchia Ora prese a supplicarlo, le mani giunte come davanti a un Santo:

«Parlerete con lui? Gli direte che sono malata, che per un certo tempo mi lasci in pace, che ve l'ha detto il medico, il prete, come volete... Per l'amore dei miei bambini, per i vostri nipotini, fatemi questa carità.» Michelangelo Fichera rifletteva, lento come sempre, mentre la figlia continuava a singhiozzare: cosa intendeva dire con la parola violenza? Ancora non riusciva a capacitarsi: si sa, le donne non vogliono, è giusto che sia così, se sono donne oneste; con le buone o con le cattive bisogna pure costringerle, mai però con la cintura dei pantaloni. Certo una baldracca è un'altra cosa, lui ne conosceva qualcuna, quelle lo fanno per denaro e non si fanno pregare. Ma una donna onesta è giusto che abbia un certo ritegno... d'altra parte, cosa vuole una donna onesta? Una domanda che non si era mai posto, anzi non ci aveva mai sprecato un solo pensiero: le femmine non lo avevano mai interessato oltre che per certi precisi motivi da sbrigare possibilmente in poco tempo e in luogo con poca luce. In certe situazioni preferiva la semioscurità, anche per non vedere le facce delle donne; neanche la moglie aveva mai guardato in faccia, nei loro momenti di intimità, eppure le aveva voluto bene. Ma che c'entrava l'affetto con... quell'altra cosa? Quella era una necessità corporale, lui lo sapeva meglio di ogni altro, soprattutto da quando era morta la buonanima, che oltre a tutto si sottometteva ai suoi bisogni senza mai protestare.

Ma cosa andava a pensare proprio quel giorno?

Guardò la figlia: ricordò un episodio ormai vecchio di qualche anno, rivide una scena che sperava aver del tutto eliminato dalla memoria. Sara nuda, a letto, insieme a quel Michele Spina, anche lui nudo. In piena luce. La figlia, in quel momento, non sembrava soffrire, tutt'altro. Beata era, in estasi. E come ansava e squittiva! Peggio di una sgualdrina. Si passò una manona sulla faccia per scacciare quella scena dagli occhi e dalla mente. Che la figlia avesse imparato da quel farabutto a provare certi piaceri proibiti? Scosse la testa interdetto. Un pensiero addirittura sconvolgente: le donne non 'possono' provare certi piaceri, questo per lui era chiaro come il sole.

Sara lo osservava, in attesa di una risposta. Di colpo smise di piangere, quasi avesse letto nei suoi pensieri.

«Che avete? A cosa pensate? Perché fate quella faccia?» Finalmente il padre abbassò la testa e fece, per modo di dire, la volontà di Dio.

«Va bene, parlerò con lui. Ma tu comportati bene. Mi hai capito? Noi siamo gente onorata.»

Quel giorno stesso Sara mise una brandina nella stanza dei bambini, affollata dai piccoli più la bambinaia, con la scusa che la ragazza era troppo impegnata con gli altri due, mentre lei doveva comunque alzarsi la notte per l'ultima nata. Nonostante il poco sonno, dato che i tre bambini strillavano più o meno all'unisono, nel giro di qualche settimana Sara si riprese; riacquistò il bel colorito di prima, gli occhi brillarono più luminosi che mai, quasi per una nuova presa di coscienza di sé. Sembrava un'altra persona: l'abituale indolenza riaffiorava a volte, come il ricordo di un'esistenza passata, ma a intervalli sempre più lunghi. In realtà era come se si stesse svegliando da un torpore vecchio di chissà quanti anni; un'apatia dovuta, con ogni probabilità, alla vita che era stata costretta a condurre. Aveva infatti imparato fin dalla più tenera infanzia che una donna deve essere soprattutto sottomessa e ubbidiente, prima al padre e poi al marito; non avere una volontà propria; nessun interesse o attività all'infuori della preparazione del corredo, né aspirazioni di alcuna natura: in passiva attesa dell'uomo che sposandola avrebbe dato uno stato, un senso, una definizione e una sistemazione anche finanziaria alla sua esistenza. Questa attesa snervante provocava in alcune sue coetanee attacchi isterici, svenimenti o altro: lei invece era caduta in una sorta di abulia mortale, in un sonno privo anche di sogni. Orfana di madre, tirata su da quella stessa donna Carolina che in seguito aveva assecondato i suoi amori con Michele Spina, aveva accettato supinamente la volontà del padre fino al sacrificio di se stessa, come in fondo ognuno si aspettava da lei, rassegnandosi a quel matrimonio, anche se fin dal primo momento non aveva avuto nessun sentimento, né negativo né positivo, nei confronti di Peppino. Un'indifferenza che pagava ora a caro prezzo. Il padre era convinto che avrebbe imparato a volergli bene. Lui era dell'opinione che l'affetto si nutre di consuetudine, vicinanza e perché no, di rispetto reciproco; inoltre l'assicurò che il pretendente, una persona per bene, conosciuto per la sua morigeratezza, era cotto di lei: tanto bastava. Un marito innamorato... cosa può desiderare di più una ragazza?

Certo, aveva colto in quello sguardo recondite bramosie, desideri inespressi e forse inesprimibili, lampi di amore stranamente ambiguo, in cui si mescolavano dedizione e febbre di dominio: ma l'amore non è anche possesso dell'altro? Da Michele aveva imparato che la potenza dell'uomo viene misurata dalla sua capacità di dominare una donna, di sottometterla, di farsene schiava, oggetto e strumento del loro reciproco piacere... anche lui l'aveva dominata, questo lo ricordava molto bene, ma in ben altro modo: l'arte di dominare una donna è diversa da uomo a uomo.

Questo non lo sapeva.

Dopo la storia con Michele si era convinta che la vita per lei fosse finita, che ogni altro uomo mai avrebbe potuto prendere il posto di quell'unico e che quindi uno valeva l'altro. E aveva sbagliato.

Quando il padre le aveva proposto di sposare quello sconosciuto, non aveva avuto il coraggio di protestare, aveva pensato che quello fosse il suo destino. Che forse, se Peppino l'amava, come dicevano tutti, avrebbe saputo dominarla con la stessa dolcezza di Michele, e magari col tempo avrebbe imparato a volergli un po' di bene.

E invece, altro che amore! Odio, solo di odio era capace quell'uomo.

Ora godeva visibilmente della tregua; sembrava rinata. Ma non era serena. Una nuova inquietudine si era impadronita di lei: notò in sé una sorta di insofferenza per i figli, che in realtà non aveva mai desiderato. Quei bambini erano solo una conseguenza della sua condizione di donna maritata; non poteva considerarli frutto di un incontro amoroso, anzi tutto il contrario: erano stati generati nonostante la violenza e l'odio dei genitori. Quei tre mocciosi inoltre erano in grado di occuparla, insieme alla bambinaia, ventiquattro ore su ventiquattro, senza un momento di pace. La cosiddetta bambinaia inoltre doveva badare alla casa, fare la spesa, cucinare. Con tutto ciò restava sempre una quantità di lavoro da sbrigare. C'era bisogno di un'altra ragazza: Peppino aveva risposto che già la bambinaia era un lusso, che loro non erano baronelli ma solo bottegai. Che se lo levasse dalla testa. Dimenticava che il salario della ragazza gli veniva passato regolarmente dal suocero.

Desideri a lungo repressi si riaffacciarono con sempre maggiore frequenza. Un acuto rimpianto di gioie passate, il ricordo di tenerezze date e ricevute, di un appagamento dei sensi e dei sentimenti che aveva conosciuto e goduto. Quanti anni erano trascorsi da quell'ultima volta con Michele?

Non aveva mai smesso di pensare a lui. E lui più di una volta si era fatto vivo con bigliettini di fuoco... non poteva dimenticarla, scriveva.

Il marito notò il cambiamento: gli occhi di Sara avevano perso quell'espressione remissiva di animale bastonato. Lo fissava in faccia, anzi non evitava come prima i suoi occhi. Era decisa, aveva acquistato un che di padronale che lo faceva montare in bestia. Che avesse un amante? La gelosia cominciò a roderlo. Ma non era soltanto gelosia. Qualcosa d'altro si mescolava a quel sentimento: una rabbia che a stento riusciva a contenere, una sorta di invidia per la sua gioventù trionfante, per quella bellezza che non era riuscito a deturpare; un rancore che come un veleno lo intossicava, gli toglieva ogni piacere, ogni desiderio di vivere. La odiava con tutta l'anima, in stato di coscienza o incoscienza; la odiava anche quando dormiva o pensava ad altro. Sì, odiava quella donna al punto da desiderare solo di distruggerla, annientarla, ucciderla.

Vendicarsi.

Voleva vendicarsi per l'inganno subito; per i sentimenti d'amore che aveva provato per lei e dei quali si vergognava più di tutto; per la furiosa bramosia di quel corpo stupendo che ancora lo struggeva, giorno e notte, e non per ultimo per la propria incapacità di uccidere con le proprie mani quella donna che gli aveva sconvolto la vita. Più la moglie rifioriva per la riacquistata libertà, più lui dimagriva, ingrigiva: vederla ogni mattina significava inghiottire veleno. Dopo una nottata solitaria, in cui si macerava di rabbia, furioso di desiderio, combattuto fra l'odio e la voglia di quel corpo che gli sfuggiva per volontà del suocero, contro ogni legge umana e divina, iniziava la giornata di umore nero, maltrattando i suoi scagnozzi, riuscendo a stento a dominarsi con i clienti per non perderli. In poco tempo il negozio di cereali che aveva gestito sempre con piena soddisfazione diventò un peso. Una vera palla al piede.

Lasciare la moglie tutto il giorno senza controllo; saperla non incinta; vederla bella come prima se non più di prima, era un vero martirio: come accettare una situazione simile? Aveva sempre la testa in casa, spiava i suoi passi, tentava di sentire la sua voce se strillava con i bambini, controllava ogni momento la porta per vedere se usciva. Non sopportando l'ansia, più volte al giorno faceva un salto su, serio, duro, pieno di sospetti e osservava tutto come se gli si volesse nascondere qualcosa. Non mancava di ispezionare anche sotto il letto con la scusa di cercare un oggetto che aveva perduto. Sara lo guardava con un'aria strafottente che aveva messo su da qualche tempo; lo seguiva di stanza in stanza aprendo al suo passaggio gli armadi, la cassa della biancheria, la porta dello sgabuzzino dove tenevano le scope e altri utensili per la casa. Quando finalmente usciva, si buttava su una sedia e scoppiava in una risata fragorosa, amara e cattiva. La ragazza accorreva, con un bambino in braccio e Sara si sfogava:

«Ha fatto i suoi controlli, quel maledetto! Ha cercato dappertutto, sotto il letto, dentro gli armadi... cerca un uomo e trova solo un paio di corna!» E continuava così, vomitando veleno.

Peppino, ormai con i nervi a pezzi, dichiarò di aver bisogno di lei in negozio, era tempo che la finisse di far la signora, che lavorasse, che si guadagnasse il pane con lui. Non si aspettava la reazione della moglie: Sara, al pensiero di vedere tutto il giorno intorno a sé quell'uomo che aveva imparato a odiare, che disprezzava con tutte le sue forze, si sentì venir meno. Neanche morta. Era già molto dover dividere i pasti con lui. Decisamente no. Anche questa volta dovette intervenire Michelangelo Fichera: lui non aveva mai voluto che la figlia lavorasse, dichiarò, non ne avevano bisogno, e poi con tre bambini ancora piccoli, bisognosi delle cure materne... no, era assolutamente impossibile. Peppino addusse un motivo molto stringente: gli affari andavano male, non poteva pagare personale, soltanto qualche ragazzetto. Anche in questa situazione il padre si vide costretto a sborsare dei soldi, e non pochi.

Qualche sera dopo questo incidente, Peppino disse di star male. Chiamò la moglie e gli chiese di portargli una camomilla, a letto. Non si poteva muovere, disse, aveva una colica. Sara contro voglia andò in cucina, preparò alla meglio una camomilla e con la tazza in mano entrò nella stanza matrimoniale dalla quale era uscita da qualche mese col desiderio di non rientrarci più. Aveva appena messo un piede dentro la soglia che una mano la tirò brutalmente, mentre l'altra chiudeva la porta a chiave. Fu questione di secondi.

Finalmente lo sentì russare. Fino a quel momento non si era mossa di un millimetro nel timore di svegliarlo dal primo sonno. Ora si spostò nel letto e si toccò fra le gambe: sentiva qualcosa di caldo fluire come durante la rottura delle acque. Al tatto considerò il liquido più denso. Pensò subito: „è sangue." Fece i conti mentalmente poi concluse: „non può essere." Restò calma, mentre sentiva il sangue fluire, caldo, lento. Si spostò e con grande precauzione si sollevò dal letto. Piegata in due, a tentoni, si diresse verso il comò, aprì un cassetto senza fare il minimo rumore e cercò qualche indumento di cotone. Ne fece un tampone per bloccare l'emorragia. Sempre il più silenziosamente possibile, fermandosi ogni volta che il marito smetteva di russare, per proseguire appena risentiva il fiato regolare, si rivestì, prese altri indumenti dal cassetto e uscì dalla stanza: il marito aveva lasciato la chiave infilata nella serratura. Non sapeva che ora fosse, l'orologio della chiesa aveva battuto tre quarti mentre lei si vestiva. Aspettò in cucina senza osare di accendere la luce. Seduta su una sedia accanto al tavolo cominciò a prendere coscienza di quanto le era accaduto.

Il corpo era tutto un dolore, in ogni sua più piccola parte. L'aveva picchiata come mai e poi violentata, come era solito fare: si sentì una bestiolina ferita. Perché non aveva reagito? si chiese. Perché si difendeva solo dai colpi e non si rivoltava contro di lui? In fondo, se soltanto avesse voluto, lo avrebbe potuto mettere sotto senza nessuna difficoltà, lei alta e forte, lui mingherlino, quattro ossa messe insieme, vecchio. Ma sarebbe stato come violare un tabù: picchiare il padre, l'autorità divina.

L'uomo come istanza superiore, intoccabile, al di sopra di tutto: Dio.

Lei, la femmina, la costola di Adamo, eterna bambina, una specie di parassita incapace di sopravvivere senza quell'ente superiore.

Quanta forza interiore le sarebbe stata necessaria per liberarsi da quell'energumeno che secondo la legge aveva il diritto e forse anche il dovere di proteggerla? Gli uomini proteggono solo sottomettendo, pensò per la prima volta.

Ma lei aveva ancora un padre affettuoso e buono: lui l'avrebbe protetta.

E se non avesse voluto?

Di colpo si sentì sola, abbandonata, indifesa come una bambina piccola. Un nodo di lacrime le serrò la gola, ma non pianse, inghiottì il nodo e sentì quattro rintocchi: troppo presto per uscire, era ancora buio e non si sarebbe fidata di andare sola per le strade a quell'ora di notte. Decise di aspettare. Intanto si accorse di aver inzuppato il primo tampone. Senza agitarsi si cambiò, come avrebbe fatto con uno dei suoi bambini, e si sedette di nuovo. Tutti dormivano. La casa era sprofondata in un silenzio pieno di fruscii, di scricchiolii, di fiati umani. Pensò: „speriamo che nessuno dei bambini si svegli." Isabella, l'ultima nata, si svegliava sempre fra le cinque e le sei per la prima poppata. Lei sentiva già il latte premere nel seno. Aveva molto latte ed era sempre un sollievo quando la piccola si attaccava affamata. Tutti e tre i bambini erano sempre affamati. Le sfuggì un sorriso che lentamente si piegò in una smorfia di amarezza: anche lui era sempre affamato, benché fosse magro come un chiodo. Chissà dove buttava tutto quel cibo. Sempre amaramente constatò: „questa è la mia famiglia... una famiglia di gente affamata!"

Un lampo attraversò come un ferro rovente il suo cervello: ucciderlo. Non era la prima volta che un pensiero simile si affacciava, ma questa volta era un'altra cosa, lo capì subito, questa volta era una fredda decisione, irremovibile. Rimase a lungo come paralizzata, quasi avesse già compiuto il delitto. Si ricompose. I pensieri cominciarono a fluire come il sangue fra le sue gambe: come ucciderlo senza venire incolpata di assassinio e finire in galera? E i bambini? Chi si sarebbe curato di loro?

Avvelenarlo. Questa l'unica soluzione, e il veleno era già in casa, lo sapeva, Peppino lo teneva nel retrobottega, per i topi. Trasalì. Ce l'avrebbe fatta? Sarebbe stata veramente in grado di uccidere quel verme? Si immaginò tutta la scena, lei che gli somministrava il veleno nella minestra, in piccole porzioni, lui che man mano si abituava e poi... la porzione finale. Lo vide morto, inerte, disteso in quello stesso letto che era stato il luogo di ogni sua umiliazione.

Morto.

Sentì freddo in tutto il corpo, fino alle ossa, nonostante la notte estiva, quasi l'aria fosse partecipe di quella morte, al punto da gelare lei stessa.

Intanto si era fatto giorno e lei, sprofondata in quella visione di morte e di gelo, non se ne era accorta. Tornando di colpo alla realtà, si alzò di scatto e in punta di piedi uscì sulle scale. Già mentre chiudeva il portoncino di casa sentì i primi strilli di Isabella. Non si fermò, anzi accelerò il passo. Lungo il cammino ebbe la fortuna di incontrare una carrozzella di piazza, la fermò, salì a fatica, impastoiata dal grosso tampone col quale tentava di arginare l'emorragia e diede l'indirizzo del padre.

Michelangelo Fichera, sveglio da qualche minuto, si girò nel letto per cercare una posizione più comoda. Sospirò scontento. Aveva avuto una cattiva notte. Il caldo aveva smesso di tormentarlo solo da qualche ora, da quando il fresco del primo mattino aveva cominciato ad entrare dal balcone spalancato. Un pensiero molesto come un chiodo conficcato nel cervello lo aveva fatto smaniare, non soltanto il caldo: la coscienza di aver malmaritato la figlia, la sua unica figlia, l'unico essere al mondo che aveva, il sangue del suo sangue, tutto quello che sarebbe rimasto di lui, dopo la sua morte. Come aveva potuto essere così cieco da non vedere che razza di disgraziato si era messo in casa? Ma come avrebbe potuto indovinare? Un violento, se poi era vero! „Come capire se un uomo normale, apparentemente normale, poi, in privato, è un violento, un degenere? E a conti fatti, forse è tutta colpa di Sara che magari lo provoca. Si rifiuta ai suoi diritti maritali. Ha un figlio l'anno, e con questo? A me sembra giusto così. Vuol dire che le vuole bene, che non la trascura. E lei vuole che lui si prenda un'amante. E parla di violenza." Un uomo normale, una brava persona, innocuo, tutto casa e negozio. La figlia ha certe pretese, non vuole capire che le femmine sono al mondo solo per soddisfare i bisogni dei maschi, diamine! E deve essere contenta se il marito gode del suo corpo: che altro motivo avrebbero le donne di essere al mondo se non quello di compiacere il proprio uomo, fare figli, badare alla casa e… basta! Che altro vogliono?

E ancora un altro pensiero lo assillava: era andato dal medico, il dottor Gagliardo, anche lui una brava persona. (Forse però non un buon marito... aveva solo due figli. Ma non erano affari suoi.) Aveva certi dolori alle gambe, già da qualche tempo. Il dottore aveva detto che la sua pressione era troppo alta, che era eccessivamente grasso, che stava rischiando una trombosi o qualcosa del genere, che la smettesse di mangiare e di lavorare come una bestia. Si prendesse un giovane macellaio per il negozio.

Si girò ancora nel letto, inquieto. Facile a dirsi: smettere di mangiare, smettere di lavorare... perché non dirgli chiaro e tondo che era arrivato il momento di scavarsi la fossa. E questo a lui, sano e robusto come un bue. Sentì l'acciottolio delle ruote di una carrozza e gli zoccoli di un cavallo battere sul selciato. La carrozza si avvicinava velocemente e di botto si fermò proprio sotto il suo balcone: chi poteva essere a quell'ora? Dimentico di essere nudo come un verme balzò dal letto e si affacciò per vedere chi scendeva dalla carrozza: una donna, a stento riconobbe la figlia. Come un fulmine rientrò, infilò alla meglio i pantaloni e scese le scale a precipizio, un caso del tutto eccezionale, contrario alle sue abitudini, e spalancò il portoncino.

Sara entrò e prima di salire le scale balbettò:

«Chiamate la mammana. Ho un'emorragia. Mi sto dissanguando.» Michelangelo Fichera perse la testa. Era scalzo e mezzo nudo. In quelle condizioni non poteva andare per strada. Richiamò il cocchiere e gli disse di aspettare, poi salì le scale, questa volta con più calma di prima: sentiva le gambe pesare come piombo. Alla figlia non aveva detto niente delle brutte previsioni del dottor Gagliardo, aveva già abbastanza guai per conto suo, ma sentiva nel petto un sasso, un peso che gli toglieva il respiro. Si spaventò. Aveva sempre contato sul proprio cuore, anzi era convinto di avere una costituzione di ferro. E ora questo tradimento. Sara anche lei indebolita, lo seguiva passo passo, abituata al ritmo del padre, e lo sentiva boccheggiare, ansare, sbuffare, tutti suoni che conosceva da sempre. Non si preoccupò. Finalmente entrò nella sua vecchia casa. Notò subito i balconi spalancati e sentì l'aria fresca del mattino: non si era accorta del caldo notturno, anzi aveva ancora le spalle e la testa avvolti in uno scialle nero per proteggersi dagli sguardi curiosi della gente. Ma oltre al vetturino e qualche carrettiere con frutta e verdura che andava al mercato, non aveva incontrato anima viva. Si mise a letto, spossata, con l'ultima forza che le rimaneva.

Il padre intanto era uscito. Per fortuna la levatrice abitava nelle vicinanze. La buttò giù dal letto tempestando la porta di pugni: la donna, abituata a essere chiamata sempre in gran fretta da mariti esagitati, non ci fece caso. Con calma si alzò e aprì una fessura della porta.

«Ma come? Ancora voi? Perché venite a quest'ora e con tanta furia?», gridò irritata e sorpresa. Qualche mese prima aveva aiutato la figlia a sgravarsi e ora eccolo di nuovo lì. Michelangelo Fichera, completamente fuori di sé riuscì solo a farfugliare:

«Mia figlia sta morendo. Venite. Presto.» Lungo la strada chiese cosa era successo e subito lo mandò dal dottor Gagliardo, che abitava a poche centinaia di metri da loro: in un caso simile non si fidava delle proprie conoscenze, meglio avere un medico vicino. Non poté entrare perché il macellaio uscendo aveva tirato il portoncino dietro di sé e ora, del tutto scombussolato, era scappato via, senza pensare di aprire. Lo aspettò pazientemente, riflettendo su tutta quella faccenda: ne aveva viste tante, col mestiere che faceva. Sapeva di Sara, l'aveva visitata varie volte durante le diverse gravidanze, aveva notato i lividi, le ferite, ma aveva taciuto sempre, non aveva neanche fatto domande, non certo per indifferenza. Spesso le donne si vergognano di ammettere di essere state picchiate dal marito, quasi se ne fanno una colpa. Non era la prima, né sarebbe stata l'ultima. Così era il mondo, lo aveva capito da tempo.

Dopo pochi minuti vide arrivare i due uomini, tranquilli, come se avessero deciso di fare quattro passi prima di iniziare la giornata.

Michelangelo Fichera salì faticosamente le scale di casa, fermandosi a ogni gradino tanto era l'affanno. Il dottor Gagliardo lo osservava scuotendo la testa. Sapeva che non avrebbe tenuto per molto. La storia della figlia per lui era una bagattella. Si sarebbe ripresa e tutto sarebbe tornato normale, ma per il padre non vedeva prospettive future.

Sara non tornò più dal marito. La grande casa paterna l'accolse insieme ai figli, con grande scandalo di tutta la Pescheria. Lei più di una volta dichiarò di non dover rendere conto a nessuno; ma non fu facile, soprattutto per il padre, che doveva sentire i commenti della gente non abituata a tali sortite: quando mai si è sentito che una moglie abbandona il marito? E perché? Cosa può aver fatto di tanto biasimevole, un uomo stimato da tutti, ottimo padre di famiglia, eccetera eccetera.

Qualche settimana dopo Sara ricevette la lettera di un avvocato: veniva accusata di abbandono del tetto coniugale, senza motivo e senza alcuna colpa del mandante. Con grave danno per la sua reputazione e tutto il resto.

Nonostante la condanna del giudice, che l'aveva esortata a riunire la famiglia, dichiarando che la moglie, per legge, sottostà alla volontà del marito, se necessario anche con punizioni corporali, Sara si rifiutò di tornare a casa.

Chiese anzi la separazione legale, provocando, se possibile, uno scandalo maggiore: un marchio infamante che si portò dietro per tutta la vita.

Peppino non volle restituire la dote. Perfino la sua biancheria personale si tenne, e anche i suoi vestiti. Per vendetta, disse, e come risarcimento per il disonore subito.

Michelangelo Fichera, dopo quella nottata d'inferno, non si riprese più. Ormai non riusciva neanche a fare le scale di casa. In pochissimo tempo dovette ammettere che il proprio cuore non era più disposto a funzionare e la sua tanto decantata salute di ferro apparteneva ormai al passato. Sara ora doveva curare tre bambini e un padre malato, che non riusciva neanche ad alzarsi dal letto.

Non ne ebbe per molto. In realtà ciò che lo disturbava di più non era tanto la sua salute, quanto la vergogna di avere una figlia in casa, sposata e divisa legalmente dal marito. Un fatto che non conosceva precedenti. Inutile aggiungere i commenti della gente: si disse che il dispiacere lo aveva ucciso, che il suo cuore non aveva retto allo scandalo.

Tutta colpa della figlia e della sua bellezza.

Sara riuscì ad affittare la macelleria e finì col trasferirsi in un altro quartiere della città, per non dover sopportare giorno dopo giorno gli sguardi pieni di riprovazione della gente.

Delitto passionale

Un gran tonfo, quasi un boato, rimbombò per tutta la casa: qualcuno bussava furiosamente al portone, battendo il batacchio di ferro con impazienza, senza fermarsi un momento, quasi avesse intenzione di svegliare tutto il vicinato. A quel fracasso, Simone che dormiva nella stanza più vicina all'ingresso, sobbalzò, stese il braccio per accendere la luce sul comodino e prese nello stesso tempo l'orologio da polso. Le tre. Si alzò, si affacciò dal balcone e guardò giù, sulla strada, ma non riconobbe la persona che bussava. Chiese:

«Chi è?», abbastanza irritato. Con voce soffocata qualcuno disse:

«Sono io... Michelangelo, apri per carità.»

Simone aprì, sorpreso, e corse a chiamare la madre: si trattava di un suo nipote, di un parente assai alla lontana.

Un omone, una specie di gigante, pesante, lento, era intanto salito su per le scale di casa. Grasso, sudato, la camicia sbottonata sul collo, sbuffava a ogni gradino che saliva, e si lamentava sospirando e borbottando qualcosa. Appena vide la zia Agata che si sporgeva dalla ringhiera della scala, accelerò il passo e dimentico della propria statura e del proprio peso, si buttò su di lei rovesciandola quasi per terra: in un attimo la piccola donna sparì sotto le braccia e il corpo di quell'omone che singhiozzava ora senza ritegno, gridando:

«Zia, aiutami... ho ammazzato un uomo... ho ammazzato un uomo.»

Facile immaginare lo stupore della donna: appena alzata dal letto, ancora in camicia da notte e vestaglia, non si aspettava una scena simile. Un risveglio così per fortuna non capitava tutte le notti. Si raddrizzò in tutta la sua piccola statura e con improvvisa autorità si sciolse da quell'abbraccio ingombrante intanto che lo esortava:

«Calmati, calmati... ma che dici... non gridare...» Poi, prendendolo per mano, mano presumibilmente omicida, lo trascinò dentro casa, andò diritta nello studio e chiuse la porta dietro di sé.

Solo con la zia, Michelangelo continuava ad agitarsi come un ossesso, e fra scoppi di tosse, singhiozzi, parole sconnesse, urli inarticolati, stava rischiando di mettere in allarme tutto il vicinato. Inutili gli zittii, gli ammonimenti della zia che tentava di fargli abbassare la voce.

«La polizia mi sta cercando... la polizia...», urlava.

Dopo qualche minuto zia Agata, che fino a quel momento non aveva capito di cosa si trattasse, pensò fosse necessario dargli un calmante, anche perché l'uomo era sul punto di avere una crisi di nervi, tipica della sua famiglia. Uscì di furia dalla stanza e corse in cucina per prendere un bicchiere d'acqua e cercare qualche pillola, quando sarebbe stato più opportuno riempire un secchio d'acqua e rovesciarglielo sulla testa: l'omone infatti continuava a sbraitare, dibattendosi lungo disteso sul pavimento, con la schiuma alla bocca.

Poco dopo tornò con un grosso bicchiere d'acqua, ma ormai era impossibile farglielo bere. Decise allora di buttargli tutta l'acqua sul viso, intanto che lo schiaffeggiava, forse con troppa energia, per farlo tornare in sé. Certo una situazione assai imbarazzante, da perderci la testa. Infine riuscì anche a fargli ingoiare una pillola e, approfittando di un momento di calma, telefonò al padre di Michelangelo. Disse solo:

«Tuo figlio è qui... ha un attacco isterico... dice di aver combinato un guaio... vieni a prenderlo domani mattina... sì sì, gli ho dato un calmante, speriamo che faccia effetto.»

Finalmente l'uomo smise di dimenarsi sul pavimento, si alzò e si sedette su una poltrona, cercando di ascoltare i consigli della zia che con voce rassicurante gli raccomandava di mantenere la calma, che tanto tutto si sarebbe risolto per il meglio. Lui, incapace di controllarsi, ogni tanto si lasciava scappare un urlo da uomo della foresta.

«Ho ammazzato un uomo... capisci?»

«Va bene... il resto me lo racconti domani, ora cerca di calmarti... vedrai che domani si chiarirà tutto.»

Michelangelo, già mezzo addormentato, sia per la stanchezza della giornata appena trascorsa che per le agitazioni di quella notte, senza contare la pillola che cominciava a fare effetto, di colpo crollò, lasciando penzolare la testa sul petto. La zia allora pensò di sistemarlo nella stanza di Simone, dove c'era un secondo lettino, sempre pronto per ogni evenienza. Lo scosse un poco per svegliarlo: Michelangelo aprì gli occhi stralunato, non riuscendo a raccapezzarsi del come e perché si trovasse in quel luogo. Finalmente tornò in sé. Subito, a comando, riprese a singhiozzare rumorosamente. La zia con molta pazienza lo prese per mano, come un bambino, e lo guidò verso la stanza del figlio: avvilito, stanco, distrutto dai singhiozzi che ancora lo squassavano, senza indugiare un secondo, con tutto il peso ragguardevole del suo corpo, si buttò su quel letto, facendolo scricchiolare in modo preoccupante. Così come era, vestito, senza neanche togliersi le scarpe. Si addormentò subito, russando fra un singulto e l'altro, con molto fastidio di Simone, ancora una volta svegliato da quel personaggio decisamente scomodo.

Alle quattro anche zia Agata si rimise a letto, non senza aver sospirato, forse di sollievo o per chissà che altro motivo, cercando di dormire anche lei.

Michelangelo non era certo un ospite assiduo in quella casa, ma di lui si sapeva tutto.

Il padre, Peppino, aveva trascorso gran parte della sua vita a gestire un piccolo negozio di cereali, dalle parti di San Cristoforo. Ed era ancora lì, ormai solo, dopo che la sua giovane moglie, Sara, la bella Sara, lo aveva abbandonato chiedendo anche la separazione legale, per motivi rimasti ai più misteriosi: tutti però commiserarono il povero marito, uomo di provata serietà, onesto, del quale non si conoscevano vizi di nessun genere. Chiaro che la colpa fosse della donna. Si disse che non aveva voluto adattarsi a stare nel negozio; che voleva fare la signora; che da qualche parte aveva un amante, il che in fondo avrebbe potuto essere accettato, dato che Peppino, anche per questioni di età e per la sua nota morigeratezza, non era certo in grado di soddisfare le voglie di una giovane donna capricciosa, viziata dal padre e conosciuta per avere avuto diversi amori niente affatto innocenti, prima ancora di sposarsi.

Nonostante fossero stati insieme poco più di tre-quattro anni erano riusciti a mettere al mondo tre figli, Michelangelo, Elena e Isabella, tutti e tre belli come la madre ma col carattere del padre, cioè indecisi, abulici e non proprio cime di intelligenza. I rapporti fra le famiglie restarono sempre assai conflittuali. I parenti di Peppino non accettarono mai la giovane moglie, e anche dopo il matrimonio si rifiutarono di conoscerla personalmente. Come a dar ragione alle loro previsioni, poco tempo dopo scoppiò lo scandalo della separazione legale, un fatto inaudito, una vergogna per tutta la famiglia.

L'unica ad aprire la propria casa a Peppino e ai suoi figli fu appunto Agata, la sorellastra. Ed era qui che Peppino li portava, qualche domenica pomeriggio, quando si decideva a chiudere il negozio per un paio di ore, anche per attendere ai suoi doveri di padre.

Michelangelo, dopo le elementari, cercò di far capire alla madre che la scuola non era fatta per lui. O forse lui non era fatto per la scuola. Comunque avesse presentato la faccenda, non trovò l'accordo della madre e ancora meno quello del padre, che considerava suo dovere occuparsi della sua educazione, essendo l'unico figlio maschio. Per legge ormai aveva anche il diritto di tenersi il ragazzo in casa, cosa che fece forse con poco entusiasmo, dato che si era abituato alla vita da scapolo. Ma pensò fosse anche un bene, così avrebbe potuto introdurlo nel mondo degli affari, dovendo un giorno lasciargli in eredità il suo negozio di cereali. Michelangelo, da bravo ragazzo, ogni mattina usciva per andare a scuola e tornava puntualmente all'ora di pranzo. Dopo qualche tempo arrivò una lettera del preside della scuola. Si comunicava al signor Tal dei Tali che il figlio Michelangelo dall'inizio dell'anno scolastico fino a quel giorno non si era mai presentato alle lezioni.

Il ragazzo, nonostante le legnate paterne, i pianti e le suppliche della madre, non volle mai raccontare dove e come aveva trascorso tutte quelle ore del giorno. Un fatto era sicuro: non era mai stato una sola volta a scuola.

Peppino, dopo il primo scatto di ira, accettò il fatto compiuto, e lo mise subito al negozio a tempo pieno, perché almeno imparasse a distinguere i vari tipi di cereali che vendevano: in fondo poteva anche sostituire il garzone, con relativo risparmio del piccolo salario settimanale.

Da non molto tempo si era sposato con una certa Angelina, una ragazza assai giovane, forse di quindici o sedici anni, vivace, esuberante, sguaiata, di famiglia poverissima, con un passato già alquanto movimentato, nonostante l'età.

Si diceva che con l'aiuto della sua famiglia fosse riuscita ad adescare quel semplicione di Michelangelo facendogli perdere la testa al punto da convincerlo a fuggire con lei, la classica '*fujuta*', visto che né la madre, la bella Sara e ancor meno il padre erano disposti a riceverla in casa, neanche come fidanzata.

Un matrimonio celebrato alla buona: pochissimi invitati, giusto i genitori delle due parti, più qualche parente della sposa, in particolare il cugino Cosimo, una specie di fratello, al quale Angelina era molto legata essendo cresciuta insieme a lui.

Peppino si vide costretto a offrire almeno un rinfresco, senza contare tutte le spese per mettergli su casa.

La madre della sposa, la 'gna Tana, una specie di megera melliflua e falsa, che all'occorrenza sapeva mutarsi in una furia scatenata, aveva subito preso in mano le redini del piccolo ménage familiare, con la scusa che la figlia era troppo giovane per poter governare una casa.

Michelangelo ebbe l'impressione di essere un ospite mal sopportato, messo da parte dai parenti e dagli amici della sposa che affollavano la sua casa dalla mattina alla sera, spesso fino a notte inoltrata. A sentir lui, veniva trattato come un estraneo, un elemento di disturbo per tutta la compagnia.

Per motivi di lavoro era spesso in viaggio, dovendo visitare i clienti della provincia. Si assentava sempre per breve tempo, uno-due giorni al massimo, ma ogni partenza lo riempiva di angoscia. Una grande inquietudine si impossessava di lui. Diceva di avere un presentimento e non sapeva specificare quale. Nonostante la sua dabbenaggine, era morso da mille sospetti e da una gelosia forse di origine atavica. Temeva sempre che accadesse qualcosa, un dramma, un accidente. Il solo pensiero di non trovarla più in casa gli provocava veri contorcimenti di stomaco che però non gli toglievano l'appetito, anzi lo aumentavano: diceva che la disperazione lo faceva ingrassare. E forse era vero.

Quella sera era riuscito a finire prima del previsto il giro dei clienti e aveva raggiunto faticosamente l'ultimo treno.

Dalla stazione si era precipitato a casa, in qualche modo ansioso ma anche felice di trascorrere la notte con la giovane sposina. Arrivò poco prima della mezzanotte e per non svegliare la moglie entrò in casa senza accendere la luce, in punta di piedi. Anzi decise di svestirsi già nell'anticamera e di andare subito a letto, il più silenziosamente possibile. In procinto di aprire la porta della camera da letto sentì la nota risata della moglie e altri suoni che credeva riservati solo a lui.

Il sangue gli si gelò nelle vene. Per un momento gli parve di perdere i sensi. Poi lo stesso sangue, da freddo cominciò a bollire, fino a salirgli alla testa e di colpo capì cosa stava accadendo: ciò che si era sempre rifiutato anche solo di pensare... sua moglie, la sua Angelina, non era sola a letto!

Allora accese la luce, si guardò intorno in cerca di qualcosa, non sapeva cosa. I suoi occhi caddero sul fucile da caccia ancora carico a pallini dall'ultima volta che lo aveva usato. Senza pensare, lo imbracciò, e nudo come era, spalancò la porta con un calcio, accese la luce e urlando si avventò sull'uomo che subito si era rizzato sul letto: Cosimo, il cugino quasi fratello.

«Vigliacco... traditore, fuori dal mio letto... disgraziato... ti ammazzo... ti ammazzo...»

Il giovane, piuttosto seccato di quella interruzione, lo guardò sprezzante, come per dire: ma tu che vuoi? Poi, annoiato, con una mano lo scostò da sé e con l'altra cercò la sua biancheria per rivestirsi, sempre indifferente, calmo. Michelangelo perse la testa. Urlando e imprecando ormai fuori di sé, si mise a sparare all'impazzata, mentre il giovane finalmente si alzava dal letto per cercare riparo nell'anticamera, pur continuando a vestirsi. Angelina intanto, balzata dal letto, si era avvinghiata alle sue gambe strillando a squarciagola, quasi la stessero scannando. Con uno strattone, Michelangelo si liberò di lei e rincorse il rivale, scaricandogli addosso il resto dei pallini. Il giovane si chiuse in cucina, spalancò la finestra e si affacciò gridando:

«Assassino... assassino... mi stanno assassinando.» A quel punto fu Michelangelo a spaventarsi. Preso dal terrore si precipitò verso la porta, ma per fortuna si accorse di non aver niente addosso: afferrò vestiti e scarpe e ancora sulle scale si rivestì a malapena.

Ormai fuori, intanto che tutte le porte e le finestre del vicinato si aprivano, lui, come un pazzo, si mise a correre in una direzione qualsiasi. Dopo aver vagato qualche ora senza meta e senza un solo pensiero coerente in testa, si ritrovò, disse lui, per caso davanti al portone di casa di zia Agata.

E Angelina? Aveva continuato a strillare tutta la notte e il giorno seguente, sempre protestando la propria innocenza, in questo sostenuta dalla madre e da tutti i suoi parenti.

Alla polizia dichiarò di essersi trovata in cucina e di aver giocato una partita a scopa col cugino Cosimo, secondo una loro vecchia abitudine. La sera, se il marito restava fuori per lavoro, aveva paura di starsene sola in casa e di solito veniva la madre a farle compagnia. Quella sera però c'era stato un contrattempo e Cosimo gentilmente si era offerto di sostituirla. Tutto lì. Il marito, che non sopportava i suoi parenti, aveva approfittato di quella occasione per statuire nuove regole. In fondo, tutti lo sapevano, era nota la sua gelosia, il suo carattere possessivo e soffocante.

Questa deposizione fu subito confermata dal cugino Cosimo e da tutto il parentado.

Il mattino seguente assai presto venne Peppino a prendere il figlio e raccontò che il giovanotto, coperto di sangue e col vestito pieno di buchi, era stato ricoverato all'ospedale. Nonostante un numero imprecisato di pallini che gli furono estratti da varie parti del corpo, sembrava essere disposto a non sporgere denuncia: Peppino aveva subito dichiarato di essere pronto a risarcirlo adeguatamente.

Michelangelo, accompagnato dal padre, quel giorno stesso si presentò alla polizia. In fondo, si trattava di tentato omicidio. Il giornale cittadino dedicò un paio di colonne a questa storia, col titolo a grandi lettere: 'Delitto passionale'.

Quando finalmente poté uscire dal carcere quasi non si riconosceva, tanto era dimagrito. Lui, a chi lo guardava sorpreso, spiegava che in carcere non si mangia come a casa propria, ma taceva sui veri motivi che lo avevano ridotto in quelle condizioni: l'avvilimento, la cattiva compagnia, il luogo in cui era costretto a vivere.

Al contrario, tutti l'attribuirono alla rabbia che lo rodeva.

Infatti dopo soltanto un giorno di degenza il cugino Cosimo era stato dimesso dall'ospedale, accolto e festeggiato da tutta la famiglia di Angelina.

La bella Elena

Verso le cinque del pomeriggio, quando al caldo torrido succedeva una leggera brezza marina, assai leggera in verità, più immaginata che reale, Agata apriva tutte le porte-finestre della sua grande casa, per ventilare le stanze rimaste fino a quel momento nella più completa oscurità. In Sicilia è infatti uso tenere chiuse porte e finestre durante il giorno per proteggersi dalla luce accecante del sole, ma anche per impedire che l'aria surriscaldata penetri nelle case. Così dalla mattina fino al tardo pomeriggio la vita si svolge in una sorta di penombra che dà anche l'illusione di una tana fresca e riparata; i balconcini di pietra arenaria, assai decorativi in contrasto con il grigio scuro dei muri esterni, tipico dell'architettura di molte città siciliane, al contrario assorbono, senza alcuna difesa, il fuoco implacabile del sole: una volta uno dei figli di Agata ebbe l'idea di friggere un uovo al tegamino mettendo fuori il padellino con un po' di olio e un uovo crudo, quasi per scommessa. Fra la sorpresa generale e non pochi urli di entusiasmo dei suoi fratelli, dopo pochi minuti si era sentito lo sfrigolare dell'olio mentre l'uovo cominciava a prendere consistenza!

Agata, dopo aver alzato la lunga persiana di cannucce, il cosiddetto *cannizzu*, sulla ringhiera del balcone, prendeva una comoda poltroncina di legno ricoperta di tela e finalmente si sedeva, già stanca, nonostante il sonnellino pomeridiano.

In fondo non era certo il lavoro domestico a stancarla, dato che una donna veniva pagata appunto per liberarla di tutte le faccende di casa, ma il caldo insopportabile, diceva lei per scusarsi, volendo negare una stanchezza di altra natura, non certo causata da fattori climatici e tanto meno fisici. Lei era sempre stanca. Forse il vivere stesso la stancava, come la maggior parte delle donne siciliane, abituate a sopportare il destino di essere *fimmini*, senza possibilità di riscatto.

La mattina si alzava assai presto, per interrompere la notte, lunga e inquieta, trascorsa in buona parte insonne: lei stessa non avrebbe saputo spiegare il motivo della sua inquietudine, di quella sorta di angoscia della quale forse non era neanche cosciente. Più che altro si trattava di una profonda insoddisfazione della vita che conduceva, di se stessa, del suo modo di essere; della passività cui le convenzioni sociali la costringevano e delle proprie reazioni a una quotidianità che in qualche modo le sfuggiva di mano. Se si guardava intorno vedeva solo donne che più o meno si erano accomodate con quella vita, semplicemente rassegnate, senza desideri di nessun genere. Sembrava avessero raggiunto un certo grado di serenità, forse anche di equilibrio: la vita concepita come una lunga attesa, un cammino prestabilito verso un'unica direzione. Per tutte, senza distinzioni di ceto.

Durante i brevi intervalli in cui riusciva a dormire veniva aggredita da sogni che in buona parte rievocavano ricordi assai molesti; un passato che durante il giorno riusciva a rimuovere, anche se a fatica, mentre di notte trovava un varco, spezzando le barriere della coscienza, per ripresentarsi in tutta la sua crudezza in forma di scene, frasi, persone ormai scomparse dalla sua vita reale. Si svegliava e, non sopportando il caldo delle lenzuola, si alzava in piena notte; gettava sulle spalle una leggera vestaglia e si sedeva su uno dei tanti balconi della sua casa per allontanare da sé quel malessere vago e indecifrabile che si impossessava di lei.

Restava lì al fresco notturno, nel silenzio in cui sprofondava ancora per poco la città, fino a che il sole si annunciava da sopra i tetti delle palazzine di fronte per piombare subito dopo, ineluttabilmente, su tutta la facciata della sua casa, esposta appunto a levante e mezzogiorno, surriscaldandone i muri, le inferriate dei balconi e soprattutto le piante che adornavano, per modo di dire, i suddetti balconi: le agavi infatti, assetate e rinsecchite, erano sempre fra la vita e la morte, benché si dicesse che sopportavano perfino il caldo del deserto.

Dall'alto del primo piano, come era uso allora, faceva qualche compera fermando uno dei carrettini che passavano, carichi di frutta e verdura, diretti in città, forse al mercato della Pescheria. Dopo aver scelto la merce desiderata e contrattato il prezzo, buttava giù dal balcone un cestino legato a una lunga cordicella con i soldi dentro e l'affare era concluso. Quelli erano ancora tempi in cui una signora non andava a far la spesa nelle botteghe. La sporta appesa al braccio, la lista delle cose da comperare nel portamonete, a metà mattina mandava la domestica che ne approfittava per fare la cresta sui prezzi. Un piccolo guadagno supplementare e anche un affare sicuro: mai avrebbe potuto essere controllata, dato che nessuno si sognava di dare uno scontrino di una altrettanto inesistente cassa.

Il tutto ancora negli anni Cinquanta.

Da qualche tempo sua nipote Elena, 'la bella Elena' come era stata soprannominata dalla sua famiglia, aveva preso l'abitudine di venire da lei, un po' per sfogarsi, un po' per ammazzare il tempo. Non mancava però di portarsi dietro un lavoretto di cucito, per giustificare al marito la ragione di quelle visite.

Seduta dietro il *cannizzu* che la riparava dagli sguardi della gente, Agata guardava in lontananza. Finalmente dal fondo della via Plebiscito vedeva avanzare un'alta figura femminile; accanto a lei trotterellava qualcosa di piccolo, minuto, una bambina che cercava di assecondare il ritmo dei propri passi con quelli dell'adulta, non senza difficoltà data la differenza di statura. La piccola camminava senza staccarsi di un centimetro dalla donna, quasi fossero unite da un filo invisibile: in realtà si trattava di una banalissima spilla da balia che univa la veste della donna a quella della bambina: cosa si nascondeva dietro questa spilla? La paura che la bambina potesse scappare o peggio ancora che qualcuno volesse rapirla? Quella spilla veniva eliminata appena entravano nel portone di casa, motivo per il quale Agata non seppe mai niente di questa strana abitudine della nipote.

Il passo lento, la testa incassata nelle spalle aggobbite, come di chi cerca di evitare dei colpi, sembrava intenta a contare i grossi basoli[50] con i quali è pavimentato il largo marciapiede che costeggia l'ospedale Vittorio Emanuele. Lei camminava quasi a ridosso del muretto, a sua volta sovrastato da una lunga e alta inferriata. Giunta davanti all'ingresso principale dell'ospedale si fermava, visibilmente ansiosa, dovendo attraversare la larga strada dove oltre al tram passava, anche se piuttosto di rado, qualche automobile e forse una carrozzella da piazza. Dopo aver guardato a lungo prima a destra poi a sinistra, sempre incerta se osare oppure no – e la sua inquietudine nasceva anche dal fatto che doveva spingere una carrozzina con l'ultimo nato, senza contare la bambina legata alla sua gonna – finalmente si decideva. Allora con improvvisa determinazione attraversava di corsa la strada, passando da un marciapiede all'altro a tutta velocità, quasi avesse rischiato la propria vita e quella dei suoi bambini.

Agata la riconosceva subito, dal modo di camminare, dalla carrozzina e dalla bambina che le saltellava accanto

Sposata da sette anni, aveva due bambini, Sarina di sei anni, piccola, alquanto smagrita, pallida, non proprio bella, tutta ordine e perfezione – a scuola era la prima della classe mentre in casa sapeva già mettere la madre sull'attenti – e un

[50]Grosse lastre di pietra per pavimentazioni stradali. Anticamente "basola" al femminile

maschietto ancora lattante. Elena, mantenendo una caratteristica tipica della sua famiglia, era molto flemmatica, lenta e non proprio un campione di intelligenza. Ma bella come sua madre da giovane, così si diceva, e lo era ancora adesso, in età piuttosto avanzata. La madre di Elena era stata una vera bellezza.

Di alta statura, un corpo nobilmente costruito, bene in carne ma non grassa, lasciava indovinare sotto i vestiti modesti, cuciti male (confezionati da lei stessa in compagnia della zia Agata) e di stoffe scadenti, una figura statuaria. Il viso, dai lineamenti perfetti, mancava di un fattore fondamentale: la luce. Gli occhi neri di forma squisita, tradivano un qualcosa di vagamente bovino, ancora meglio, di vittima rassegnata. Oggi verrebbero definiti 'occhi depressivi.' Allora si attribuiva questa espressione a stanchezza, abulia, mancanza di carattere. Era chiaro che non aveva ancora raggiunto lo stato di indifferenza e quindi di serenità, privilegio dell'età matura.

Nel '42, nonostante la guerra, del resto ancora assai lontana, la madre l'aveva costretta ad accettare un pretendente, un certo Paladino. Di lui non si seppe mai il nome di battesimo, dato che lei stessa e tutta la famiglia lo chiamavano così.

Di una decina d'anni più vecchio di lei, forse anche più, godeva nell'ambito di tutto il parentado di una posizione di grande privilegio, essendo impiegato al Comune. Fascista sfegatato per 'autentica' vocazione, a guerra finita era passato al partito monarchico, forse con la stessa 'autentica' vocazione di prima. A motivo di questo voltafaccia gli riuscì però di mantenere l'impiego, anche se con uno stipendio da fame. Il suo prestigio in seno alla vasta parentela diminuì di molto. Per non dire che si esaurì del tutto.

Il suo aspetto lasciava molto a desiderare: non c'era in lui assolutamente niente del principe azzurro e tanto meno del paladino. Di media statura, magro, segaligno, con qualcosa di un brutto sorcio, aveva un cranio di forma oblunga parzialmente coperto da una leggera peluria di colore incerto. Il che non avrebbe disturbato nessuno, non fosse stato per la quantità eccessiva di brillantina, necessaria per tenere quei quattro capelli incollati alla testa: la sua somiglianza con un topo caduto nell'olio era fin troppo evidente. Per il resto, aveva modi arroganti e una certa durezza di carattere, segno, secondo alcuni, di una accentuata virilità, di puro stampo fascista.

Elena, non ancora ventenne, ingenua e senza la più piccola esperienza sentimentale, come del resto era giusto che fosse, col carattere abulico che si ritrovava, fu incapace di opporre una qualsiasi resistenza. Il padre in particolare e tutti i parenti in blocco, non le avevano dato un momento di pace: data la posizione del promesso sposo al Comune, si ripromettevano infatti chissà quali vantaggi. A questo si aggiunga che in quel periodo il Paladino aveva un ottimo stipendio, sicuro – sembrava allora – e con diritto alla pensione.

Dopo un brevissimo fidanzamento, per desiderio della madre, furono celebrate nozze sontuose. Forse per consolare la figlia.

In un vecchio album di famiglia ecco una fotografia, mezzo sbiadita, in cui è possibile vedere, ben allineati, tutti i parenti di zia Agata, da lungo morti e sepolti, e in buona parte dimenticati.

In prima fila la sposa, in un aderentissimo vestito di raso bianco che ne sottolineava la figura di forme generose, ma ben suddivise in tutto il corpo. Uno strascico, lungo alcuni metri, veniva sorretto da due damigelle d'onore, anche loro fasciate in satin di colore diverso, forse rosa e celeste per ovvi motivi propiziatori. In mano: fiori di zagara. Davanti agli sposi due bambini, un maschietto e una femminuccia, anche loro vestiti di bianco. Un mezzo sorriso imbarazzato stira appena le labbra della sposa, mentre gli occhi gridano chiara-

mente aiuto; il viso, nonostante l'orrenda acconciatura da figurino illustrato, sembra quello di una diva del cinema.

L'unico trionfatore in mezzo a questo sfolgorio di belle ragazze è il Paladino, un topino leccato, in tait e cilindro, sorridente, in posa mussoliniana.

Tutt'intorno i parenti: le donne con strani cappellini in testa, gli uomini seri, alquanto seccati di tutta quella messa in scena, e un'ammucchiata di bambini.

Elena, dopo la difficile impresa di passare da un marciapiede all'altro, prima di arrivare al portone di casa impiegava un tempo impossibile da cronometrare. Ma non era ancora finita, adesso seguiva la cerimonia della carrozzina che voleva portare fino al primo piano – e non fu mai chiaro come facesse a portarla su – lasciando il bambino dentro che finalmente si era addormentato. Un'impresa assai complicata, ma importante se voleva trascorrere qualche ora in tutta tranquillità. Quando infine era riuscita a sistemare la carrozzina da qualche parte, nella casa, pescato dalla grande borsa che portava sempre con sé un quaderno e qualche matita per Sarina – che avesse anche lei qualcosa da fare – era trascorsa una buona mezz'ora. Finalmente raggiungeva la zia sul balcone, che paziente l'aspettava: per lei le ore, i minuti non avevano nessuna importanza. Non possedeva un orologio e il trascorrere del tempo era qualcosa di indeterminato. Quando calava il sole sapeva che era ora di preparare la cena per la famiglia, e la mattina, appena schiariva incominciava un nuovo giorno, indistinto, uguale a quello appena trascorso, senza attese, senza imprevisti.

Elena stanca, e a ragione dopo la sfacchinata della carrozzina sulle scale e il resto, si sedeva accanto alla zia, ma un po' dentro la stanza per sentire il bambino nel caso si svegliasse prima del tempo. Dopo lo scambio dei saluti preliminari cominciava a lamentarsi, a bassa voce. Con la madre non poteva né voleva parlare, per non angustiarla, diceva; inoltre non era facile toccare certi argomenti proprio con lei. Sapeva qualcosa del suo passato piuttosto tempestoso; aveva vissuto sulla propria pelle la separazione dei genitori con tutte le sue conseguenze. Il padre, secondo la legge avrebbe dovuto venire una volta al mese e spesso se ne dimenticava, diceva, così passavano mesi prima che si facesse vivo. E ancora il rapporto assai freddo con tutta la parentela e le malelingue che attribuivano alla madre, nonostante l'età, un amante assiduo, sempre lo stesso, ormai da anni.

Calma, come sua abitudine, fra un punto di cucito e l'altro, dichiarava di non essere stata preparata opportunamente. Con l'educazione monacale che aveva ricevuto, era arrivata al matrimonio nella più completa ignoranza di tutto.

Ricordava come la sera prima delle nozze la madre avesse sentito il bisogno di parlarle, forse per spiegarle qualcosa, o darle dei consigli. Dopo alcune parole imbarazzate, sconnesse, buone soltanto a mettere la ragazza in allarme, aveva concluso: „devi fare la volontà di Dio, vedrai che andrà tutto bene", lasciandola più confusa di prima, piena di domande che non aveva osato formulare. Sola con la propria ansia.

Il Paladino era uomo di pasta speciale: lui voleva ogni sera e ogni mattina, se necessario con violenza.

Il breve viaggio di nozze era stato una specie di lotta senza quartiere, continuava a raccontare, il marito, brutale per carattere, visto che lei non era docile né volenterosa di apprendere, si vedeva costretto a insegnarle le buone maniere. Non era chiaro di quali buone maniere si trattasse, dato che Elena dimostrava di essere una persona fin troppo bene educata; ma accanto a loro, seduta per terra, Sarina, concentrata a disegnare sul quaderno, tendeva le orecchie per afferrare qualche parola: in realtà aveva già fatto qualche esperienza, sapeva più del necessario anche se in modo assai vago, avendo assistito a scene selvagge fra il padre e la madre.

Zia Agata, nonostante gli anni di matrimonio e i tanti figli, non era poi tanto esperta come la povera Elena si immaginava, e un po' impallidiva, un po' arrossiva, alzando gli occhi al cielo, anche lei in cerca di aiuto.

Dopo aver confabulato a lungo, valutato tutte le possibilità, un pomeriggio finalmente arrivarono ad una soluzione: comprare un vino molto pesante e farlo bere il più possibile.

Il risultato fu nullo.

Elena, sfiancata, tutta dolorante, tornava e riferiva: il Paladino, tanto per non contraddire il proprio carattere, aveva anche il vino cattivo. Inoltre, per sfogare le sue frustrazioni sul lavoro, aveva preso la brutta abitudine di picchiarla, un manrovescio se la minestra aveva poco sale, un calcio per una camicia spiegazzata, pugni in testa se il neonato strillava, quasi fosse colpa sua, infine per ogni nonnulla.

«Un vero sadico», il solo commento della zia indignata.

Seguivano riflessioni di vario tipo, sempre sussurrati, per via di Sarina che se ne stava attaccata alla madre: anche se non capiva il senso delle parole, sapeva di chi e di che cosa si parlava.

La seconda soluzione fu di più difficile realizzazione: bisognava farlo addormentare, senza se e ma. Ma ci volle del tempo perché la zia Agata doveva prima andare dal suo medico e farsi prescrivere un buon sonnifero da passare poi alla nipote. Un'idea assai brillante.

La transazione riuscì.

Un giorno arrivò una Elena del tutto irriconoscibile: si vedeva già dalla strada, mentre veniva. La sua andatura era sciolta ed elegante. Aveva anche smesso di contare i lastroni del marciapiede e bisognava vedere con quanta decisione attraversava la strada! Già da sotto il balcone fece un cenno di vittoria, due dita in forma di V, del tutto superfluo: bastava soltanto guardarla. Diritta, fiera, gli occhi sfavillanti. Irriconoscibile e bella. La novità di un marito addormentato appena a letto non le aveva fatto chiudere occhio tutta la notte; la mattina seguente si era svegliato tardi e aveva dovuto precipitarsi al Comune senza avere avuto il tempo di intraprendere qualcosa.

Essere padrona del proprio corpo, non subire violenza... il paradiso in terra, altro che volontà di Dio! Anche se con estrema lentezza, il suo cervello cominciava a realizzare altre possibilità di vita. Adesso non veniva più con la stessa frequenza di prima; ogni tanto si vedeva arrivare, sempre con la carrozzina davanti e Sarina accanto, ma con andatura normale, libera; era perfino un po' dimagrita, ma forse sembrava più slanciata per via delle spalle non più incurvate, il collo eretto: una giovane donna piena di speranze.

Purtroppo commise l'errore di somministrargli ogni sera un sonnifero. Un pomeriggio arrivò tutta pesta, dolorante, tanto da non poter quasi camminare. Il marito aveva scoperto il mistero della sua stanchezza e l'aveva massacrata di botte, senza nessun riguardo per la bambina presente che se soltanto si fosse avvicinata un po' troppo avrebbe rischiato di buscarsi qualche bastonata.

Elena allora cominciò a riflettere su una soluzione definitiva. Alla separazione non c'era neanche da pensare. Di cosa avrebbe potuto vivere lei e i due bambini? Tornare dalla madre, forse? Era certa che l'avrebbe rimandata dal marito: come sopportare di nuovo la vergogna di una donna separata nella stessa famiglia?

«Non c'è altro da fare... ci vuole qualcosa di definitivo... una soluzione, senza nessuna possibilità di sbagliare.» Con calma, con la sua solita voce indifferente, disse di aver letto da qualche parte che bastava il veleno per i topi in piccole dosi per assuefare il paziente che man mano si abituava e dopo un certo tempo... qui la zia si fece cauta. Non si indignò, né protestò. Solo, non fu più in grado di darle altri consigli.

Elena poco tempo dopo cambiò casa; Agata ne parlò in famiglia in modo assai vago, accennò a qualche cambiamento sul posto di lavoro, al Comune, cosa che non interessò nessuno. Venne a salutare e andò ad abitare in un quartiere molto distante dalla casa della zia.

Non tornò più. Sembrava non fosse mai esistita. Fu del tutto dimenticata o forse in famiglia si evitava di parlare di lei.

Qualche anno dopo, Agata a pranzo raccontò di passaggio di aver ricevuto una partecipazione di morte. Il marito di Elena, «vi ricordate la bella Elena?», il Paladino, dopo lunga malattia aveva chiuso gli occhi per sempre, accudito amorevolmente fino all'ultimo dalla vedova inconsolabile. Tanto riportava il cartoncino orlato di nero.

Indice

Altri libri di Ada Zapperi Zucker:

Un pugno di storie
Lettere
2021, 212 pagine, 12,80 €

Due donne del Sud
24 lettere
2020, 282 pagine, 12,80 €

Una vita di donna in Sicilia
Romanzo
2019, 148 pagine, 12,80 €

Un'infanzia quasi felice
Racconti
2018, 144 pagine, 10,80 €

I padri assenti
Due racconti
2017, 196 pagine, 11,80 €

La casa del nonno
Romanzo
2016, 264 pagine, 13,80 €

La Cucchiara
Una famiglia siciliana
2015, 174 pagine, 12,80 €

Un giorno a Bolzano
Quattro racconti e frammenti di una biografia
2013, 224 pagine, 11,80 €

La scuola delle catacombe
Racconti sudtirolesi
2013, 224 pagine, 9,80 €

Teatro di ombre
Romanzo
Edizioni Helicon 2012, 200 pagine, 14,00 €

Le inquietudini della sora Elsa
Racconti
Edizioni Tabula Fati 2011, 176 pagine, 13,00 €

Il silenzio
Romanzo
2009, 160 pagine, 12,00 €

Das Schweigen
Übersetzung aus dem Italienischen
2010, 168 Seiten, 16,80 €

Le inquietudini della sora Elsa
Racconti
2011, 176 pagine, 13,00 €

La scuola delle catacombe
Racconti
2012, 224 pagine, 9,80 €

Die Katakombenschule
Übersetzung aus dem Italienischen
2012, 248 Seiten, 11,80 €

Teatro di ombre

Romanzo
2012, 200 pagine, 14,00 €

Theater der Schatten
Übersetzung aus dem Italienischen
2013, 256 Seiten, 11,80 €

Un giorno a Bolzano
Racconti
2014, 224 pagine, 11,80 €

Ein Tag in Bozen
Übersetzung aus dem Italienischen
2014, 224 Seiten, 13,80 €

Stampato nel mese di Ottobre 2021
BoD, D-22848 Nordstedt

FSC
www.fsc.org
MIX
Papier aus verantwortungsvollen Quellen
Paper from responsible sources
FSC® C105338